포스트 코로나 시대
다음세대교육,
가정이 답이다

차 례

감사의 글
글 머리

1부
다음세대교육 : 하나님 나라 교육으로

1장
질문을 바꿔보자

지금까지 '진단 질문'이 정확했는가? •16
첫째, 교육의 1주체가 가정인가? 교회인가? •17
둘째, 신앙 전수가 되고 있는가? •18
셋째, 기독교 교육 목적을 실현하는가? •19
넷째, 교육방법은 적절한가? •20
다섯째, 아이들이 학교와 사회에서 받는 영향을 고려하는가? •23

2장
하나님 나라 교육을 이해하자

하나님 나라 교육이란? •28
하나님 나라 교육의 목적은 무엇인가? •29
하나님 나라 교육은 공동체적 교육이다 •30
기독교 학교는 삶을 교육한다 •31
기독교 교육의 '앎'은 체험적 앎이다 •32
교과목보다 생활교육이 더 크게 영향을 준다 •33
교육은 '그 사회'를 기반으로 한다 •35
하나님 나라 교육이 미래 교육의 답이다 •37
한 아이의 전 생애적-전인격적 성장이다 •39

3장
새로운 관점으로 풀어가자

'신앙 전수가 되고 있는가?'를 지속해서 묻는다 • 44
자녀 양육의 주체인 부모의식을 깨운다 • 45
기독교 교육은 하나님 나라를 경험시키는 것이다 • 46
교회교육은 가정의 파트너로 자리 잡는다 • 47
교회교육 사역자가 지속할 수 있어야 한다 • 48
유기적-입체적으로 교육한다 • 49
교회교육을 평가하는 체계를 갖춘다 • 50
학교교육과 지역사회 가치관에 관심을 갖는다 • 51
자녀교육의 목적을 바로 세운다 • 52

4장
새로운 관점으로 교육 전략을 세우자

첫째, 목회 방향을 명확히 한다 • 56
둘째, 핵심적인 사람을 세운다 • 56
셋째, 전략팀을 만들고, 성장을 지원한다 • 57
넷째, 전략팀은 연구하고 배운다 • 58
다섯째, 교회 전체에 공유한다 • 60
여섯째, 실행 방향을 결정한다 • 60
일곱째, 부모가 자발적 모임을 하도록 지원한다 • 63

5장
새로운 관점으로 실행하라

교육은 문화이다 • 66
교육 주체가 의식을 공유한다 • 67
교회 구성원의 성경적 가정 만들기 • 69
가정의 협력자로서의 교회교육을 한다 • 73
사회 가치에 대한 대응책을 찾는다 • 78
전도는 교육과 구별한다 • 82

새로운 질문으로 새로운 전략을 실행하자 • 85

2부
다음세대교육 : 지상의 하나님 나라 만들기

6장
결혼을 배운다

결혼을 배워야 하나? •90
한 사람을 선택하는 것이 인생을 결정한다 •91
데이트는 어떻게 해야 할까? •92
많은 사람을 만나야 할까? •93
사기꾼도 진짜 사랑을 한다 •94
평판을 확인한다 •95
성숙한 사람은 책임지는 사람이다 •95
결혼생활은 관계이다 •96
소개를 통해 만남으로 인생을 벌어라 •97
좋은 사람을 만나는 최고의 비결은 자기성숙이다 •97
스킨십은 개인의 선택인가? •98
결혼을 꼭 해야 하나? •99
결혼 준비는 청소년기부터 한다 •101

7장
하나님의 디자인 가정 가꾸기

결혼은 관계이다 •104
결혼식은 언약식이다 •104
결혼의 목적은 행복이 아니다 •106
성경적 결혼 원리는 부모를 떠나는 것이다 •107
유교적 효(孝)와 성경적 공경(恭敬)은 다르다 •108
부부 연합 방법은 피차 복종이다 •109
결혼생활은 신혼기 조율에서 결정된다 •109
결혼하고 연애하라 •110
부부는 한 팀이다 •111
닭살 대화를 이어가자 •112

부부 사이의 갈등은 관리하는 것이다 •113
결혼은 치유와 성장을 선물한다 •114
성경에서 이혼을 어떻게 가르치는가? •115

자녀에게 줄 수 있는 최고의 선물 •118
자녀 양육의 주체가 부모이다 •118
부모가 함께 양육한다 •119
자녀 양육의 방법이 목적의 신실성을 나타낸다 •120
자녀 양육을 위해 공동체가 필요하다 •121
정체성과 성품을 길러준다 •122

8장

하나님 나라 자녀 양육

성경적 자녀 양육의 기초는 '인격 존중'이다 •123
훈육은 존중의 친구이다 •124
올바른 권위에 순종하게 한다 •125
아이들은 부모와 대화하고 싶어 한다 •125
청소년기 자녀와의 관계는 누구나 어렵다 •126
은사(재능)를 찾고 성장하도록 돕는다 •128
삶을 스스로 설계하도록 한다 •129
자녀는 잠시 맡겨둔 하나님의 선물이다 •130
교육이 자녀의 가치관을 결정한다 •131
좋은 어른이 삶을 안내해야 한다 •133
조부모는 손주의 인생에 풍성함을 줄 수 있다 •133

가정 지상의 하나님 나라 만들기 •135

글 마무리

| 감사의 글 |

뜻밖의 출판을 하게 된 것에 감사를 드려야 할 분들이 있다. 먼저 혜성교회 정명호 목사님에게 감사를 드린다. 이 책은 정명호 목사님의 출판제안으로 이루어졌다. 다음 세대교육에 열정을 가진 분들을 돕기 위해 작성한 글을 묶어 내면 좋겠다는 말씀을 해주셨다. 책을 출판하게 된 것 외에 혜성교회에서 2004년부터 교육 디렉터를 맡았고, 2007년부터 가정사역을 겸했으며, 2009년에는 이야기학교를 시작하여 지금까지 올 수 있게 된 저자의 배경이 되어주었기 때문이다.

혜성교회는 교육에 관심 가지고 있다는 것을 행동으로 증명하는 곳이다. 교회교육 사역자들이 성장할 수 있도록 실질적인 지원을 해준다. 저자의 경우 2011년 미국교회 탐방, 2014년 북유럽 3개국 기독교대안학교 탐방, 2014년 뉴질랜드 공립학교 탐방, 2015년 북미 2개국 기독교 학교 탐방, 2017년 미국 클리블랜드 회복적 정의 연수, 2017년 캐나다 온타리오주 PBL(프로젝트 기반 수업) 교사연수에 다녀올 수 있었다. 이를 볼 때 혜성교회와 정명호 목사님은 사역자의 성장에 관심을 두고 있다. 사역자의 성장은 곧 교회교육과 사역의 성장으로 이어진다는 원리를 그대로 실천하는 것이다.

그리고 혜성교회의 매력적인 장점은 새로운 것을 수용하고 시도하는 데 있어 열려있다는 점이다. 2020년 72주년이 된 교회로서 흔히 말하는 '꼰대로서의 보수'가 아니라 '건강한 가치를 고수하는 보수'로서 새로운 것들을 소화하는 능력이 있는 것이다. 실패할 수 있는 여지를 허락해줄 수 있는 넉넉함이 있어야 가능한 일이기도 하다.

반면 혜성교회의 교회교육과 사역에 대한 기대수준이 그만큼 높다는 점에서 오는 스트레스가 있을 수밖에 없다. 그것을 함께 견디면서 혜성 교육을 만들어온 교육부 사역자들과 교사들이 있었다. 그 과정에서 저자는 배우고 성장의 기회를 얻었다. 또 이야기학교는 2년여의 준비 기간을 거쳐 2009년 12월 7일, 기독교 교육을 위해 설립한 대안학교이다. 2019년 12월 7일 10주년을 맞이했는데 학생, 부모, 교사들이 '하나님 나라 교육'이라는 모험을 함께 해주었기 때문에 가능했다. 아이들로부터 배웠고, 부모에게 지혜를 얻었으며, 훌륭한 교사들에게 도움을 많이 얻었다. 10년의 여정에서 국내외 기독교 교육자들을 만나며 배우고 또 배웠다. 여전히 배움의 길을 걷고 있지만 함께한 분들이 저자에게 스승이 되었다.

마지막으로 한 아내의 남편과 세 아이의 아버지로 살아가며 지혜가 쌓이고 성품이 다듬어진 것은 가족이 준 선물이다. 그리고 글을 쓰는 과정에서 긴 글을 처음부터 끝까지 읽고 조언해준 딸과 낯선 세계에 대한 글을 읽고 조언을 해준 아내의 직장 동료들에게 감사드린다.

| 글 머리 |

최근 들어 다음세대교육의 위기를 말하는 것과 동시에 어떻게 해야 할 것인가에 관해 질문을 많이 듣는다. 그 질문에 대해 현장가로서 답을 해야 하는 조금의 의무감이 있다. 저자는 1992년부터 청소년을 맡아 사역을 시작했다. 2002~2009년 초등학교 상담실, 2004~2012년 아동청소년정신과에서 집단상담과 개인상담을 했다. 2008년부터 중독 정신과전문의 김경빈 박사의 '좋은부모학교' 강사로 활동했다. 2009년에 이야기학교를 시작하며 기독교대안교육에 들어섰다. 그리고 2006년 결혼하여 2007년 첫 아이를 낳고 지금 세 아이를 기르고 있다. 상담, 교회교육, 대안교육, 양육의 현장에서 아이들을 세워가는 일을 멈추지 않고 해왔다. 이처럼 다양한 현장 경험에서 다음세대교육을 폭넓게 바라볼 수 있는 시야를 얻고 있다.

기독교 교육 현장가로서 다음세대교육에 대한 질문을 안고 2014년 샬롬대안교육지원센터가 주최한 북유럽 교사연수에 참가하였다. 네덜란드, 덴마크, 독일의 기독자유학교를 둘러보는 연수가 주요 내용이었다. 사전에 연수 진행자에게 네덜란드 가정을 방문할 수 있도록 요청했다. 한 가정에서는 하룻밤을 지냈고, 또 다른 가정에서는 저녁 시간을 함께 보낼 수 있었다. 저녁 식사부터 함께하며 가정의 문화를 보고 싶었다. 600년 종교개혁의 영향을 받은 기독 가정의 문화가 무엇인지를 알고 싶었다. 기독교대안교육에서 배운 하나님 나라의 교육은 가정을 가리키고 있었기 때문이다.

두 가정에서 같은 질문을 했다. 첫 번째 질문은 "자녀를 양육하는 목적이 무엇인가요?"였다. 두 곳에서 같은 답을 들었다. "하나님을 사랑하는 아이들이 되는 것입니다." 한국 그리스도인 부모들도 대답하는 내용이었다. 그러기에 그 말이 사실인지 확인하고 싶었다. 그리고 진실이라면 어떻게 하는지 방법을 알고 싶었다. 이어서 두 번째 질문을 던졌다. "자녀양육의 목적을 달성하기 위해 어떻게 양육하나요?" 이번에도 두 가정 모두 망설임 없이 같은 대답을 했다. "부모의 삶으로 가르칩니다." 가정예배를 매일 철저히 한다든지, 성경을 암송시킨다든지 그러한 답이 아니었다. 한 편으로는 실망스러웠다. 목사로서, 가정사역자로서, 교장으로서 특별한 방법을 배워서 가르쳐주고 싶었기 때문이다. 무엇보다도 그리스도인 아버지로서 자녀 신앙교육에 적용하고 싶었다. 그들의 대답은 대단한 방법이 아닌 것 같았다. 그러나 그 대답 속에서 진실함을 확인할 수 있었다. 그리고 지금까지 그 답을 곱씹고 있다. 갈수록 선명하게 깨달아진다. 그들이 해준 답이 가장 강력한 비법이란 사실이다.

앞서 말했듯이 1992년 스물한 살에 상가 지하에 있는 작은 교회에서 중고등부 사역을 시작했다. 지금 돌아보면 사역이 아니라 훈련의 기회를 얻은 것뿐이었다. 그 당시 작은 교회임에도 유초등부가 70명이 넘었다. 당시 교사를 위한 여름강습회에 참여할 때면 주일학교의 위기를 말하는 강사의 이야기를 종종 들을 수 있었다. 이제 그 위기가 현실로 다가왔다. 위기의 직접적인 원인 중 하나는 학령인구 감소이다. 2005년 혜성교회 교회교육 방향을 설정하면서 인구변화가 매우 중요하게 다가왔다. 통계청은 10년 동안 초중고학생 100만 명이 줄어들 것이라고 예측했다. 혜성교회는 종로구 혜화동에 있다. 인구가 적은 지역인 동시에 큰길에서 주택들 사이에 난 작은 길을 올라와서야 보인다. 학령인구 감소는 교회의 위치적인 요인으로 인해 더 큰 위협요소로 느껴졌다. 학령인구 감소와 핵가족화가 가져

오는 변화에 대한 대비를 10년 동안 꾸준히 노력해왔다. 그리고 또 다시 2017년에 통계청은 앞으로 10년 동안 150만 명의 초중고생이 줄어들 것이라고 발표했다. 쉴 새 없이 다음 단계를 예측하고 준비해야 하는 상황인 것이다.

다음세대교육을 어떻게 할 것인지 고민하는 과정에서 중요한 사실을 발견하였다. 지금까지 우리가 바라보지 못했던 것이 드러난 것이다. 가뭄이 길어져 호수 밑바닥에 무엇이 있는지 알게 되는 것과 마찬가지이다. 전도로 채워졌던 아이들이 줄어들자 그리스도인 부모들의 자녀들이 하나님을 사랑하는 자녀가 되어 있지 않다는 현실이 보였다. 이전부터 그리스도인 자녀의 이탈을 경고로만 여겨왔는데, 이제는 현실로 다가왔음을 모두가 인정하게 되었다. 그리고 다음세대교육을 제대로 성찰할 수 있게 되었다. 바로 가정에서 다음세대교육을 시작해야 한다는 사실이다.

이 글의 1부는 다음세대교육에 대해 교회들이 저자에게 던진 질문에 대답하고자 작성한 글이다. 현장가로서 실제적인 도움을 주려는 목적을 가지고 썼다. 혜성교회에서 교육디렉터와 가정사역자로 그리고, 이야기학교 교장으로 있었던 경험을 위주로 다음세대교육을 어떻게 해야 하는가에 대한 답을 제안하였다. 이론적 배경보다 현장에서 풀어갈 수 있도록 개념을 설명하고 길을 찾도록 돕기 위해 작성했던 글이 초고가 되었다.

글을 쓰는 중에 미래학자 최윤식이 출간한 『앞으로 5년, 한국교회 미래 시나리오』를 읽었다. 한국교회 교육부서는 2005년부터 2015년까지 4차 감소기 국면을 통과했고, 2016년부터 제5차 감소 국면을 지나기 시작했다는 것이다. 제5차 감소기가 끝나면 교육부서는 더는 감소하지 않는데, 이는 교회를 떠나지 못하는 학생만 남기 때문이라는 것이다. 우리는 지금 무엇인가를 해야 한다. 그런데 현장에서 지켜보았을 때, 위기가 다가옴에도 위기의식을 느끼지 못했었다. 지금은 위기를 체감하기 시작했지만 무엇을, 어떻게 할 것인지에 대한 답을 명확히 찾지 못하고 있는 것 같다.

2부는 기독교 교육이 가정에서부터 시작된다는 것을 교회에 알리기 위해 2018년 개략적으로 쓴 글이 시초가 되었다. 하나님 안에서 자녀를 양육하는 것이 무엇인지에 대해 안내하고 싶었다. 많은 그리스도인 부모들이 일반 심리학에 영향을 받고 있고, 또 기독교 교육 안에서도 신앙과 삶에 대해 이원론으로 접근하는 것을 보고 급히 쓴 글이다. 그리고 기독교대안학교에서 가정 중심적인 기독교 교육, 하나님 나라의 통합적인 관점을 가진 교육의 필요성을 절감했다.

지금은 코로나19로 인해 알게 된 사실에 주목한다. 부모가 가정에서 교사의 역할을 감당해야 하는 상황이 찾아왔다. 그 속에서 준비되어 있지 않은 부모들의 모습을 보게 되었다. 다음 세대 하나님 나라 교육의 중심은 가정으로 옮겨가야 하기에 하나님의 가정을 어떻게 만들어가야 하는가를 설명하려 쓴 글이 코로나 19 이후에 더 필요해진 것 같다.

다음세대교육을 교회학교교육, 기독교학교교육, 그리고 가정양육까지 통합적으로 본다면 하나님 나라 교육을 제대로 이해할 수 있을 것이다. 그뿐 아니라 종교교육만이 아니라 일반 공립교육과 사회 변화에 따른 미래 교육에 대해서까지 해석하고 이해할 때 기독교 교육의 탁월성이 두드러짐을 알 수 있다. 이 글이 다음세대교육에 열정을 가지고 있는 분들에게 도움이 될 수 있기를 기대한다.

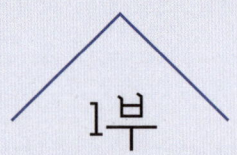

1부

다음세대교육 :
하나님 나라 교육으로

1장

질문을 바꿔보자

다음세대교육에 대해 그 어느 때보다 관심이 높다. 그 이유 중 하나는 출산율 감소[1]와 학령인구 감소[2]이다. 이는 주일학교에 직접적인 영향을 주고 있다. 주일학교 아이들 수가 급감하거나 주일학교가 사라지고 있다. 또 다른 이유는 30대 연령의 신앙 생활 헌신도가 이전 세대와 다르다는 것이다. 이런 특징을 가진 30대 부모가 자녀들의 신앙 양육을 책임지고 있다. 더구나 그 연령대에서 교회 이탈률이 높다.

20년 이상 현장 사역자로서 다음세대교육에 대한 높은 관심이 반갑다. 교회는 질문한다. "다음세대교육이 중요한지 알겠어요. 그런데 어떻게 해야 하나요?" 이 질문에 모든 것을 답할 수는 없지만 현장 경험에서 나온 이야기를 중심으로 대답할 수 있을 것이다. 그 첫 번째 걸음은 현재를 제대로 보기 위해 진단해보는 것이다.

지금까지 '진단 질문'이 정확했는가?

교육을 진단하기 위해서 질문이 정확해야 한다. 그 질문은 교육을 바라보는 관점이 작용한다. 지금까지 이어진 진단 질문은 "교회교육(주일학교)을 어떻게 변화시킬 수 있을까?"였다. 교육 현장에 처음 들어왔던 1992년부터 지금까지 같은 질문을 들었다. 그리고 같은 대답을 반복해서 들었다. '전문사역자가 부족하다.' '부서 사역자가 자주 이동한다.' '담임목사가 교회교육에 관심이 적다.' '아이들이 재미없어한다.' 반대로 '지나치게 재미만 추구한다.' '교사 헌신도가 약해졌다.'

그런데 진단의 결론은 바로 이것이다. "주일 2시간으로 다음세대교육을 할 수 없다." 이상하지 않은가? 결론은 명확하다. 그런데 같은 질문을 반복한다. 그리고 교회교육을 더 잘하기 위한 개선점 찾기에 몰두한다.[4] 이 시점에 진단 질문을 바꿔야 하지 않을까? 그래야 해결책도 달라질 수 있지 않을까?

다행히 기독교 교육은 이미 본질적 질문을 갖고 있다. 이 본질적 질문은 지금까지 질문과 해결책이 되풀이되는 상황에서 벗어나게 해줄 수 있다. 그리고 다음세대교육의 본질적인 부분으로 이끌어 줄 수 있다.

기독교 전통이 가지고 있던 질문은 "자녀에게 신앙 전수가 되고 있는가?"이다. 저자가 만난 기독교 교육자들과 부모들은 이 질문을 이미 알고 있었다. 기독교 전통에서 익숙한 이 질문이 한국교회는 낯설다. 지금까지 교회교육을 중심으로 다음 세대 교육을 생각해왔을 뿐, 가정을 중심으로 생각하지 못했기 때문이다.

이 질문은 다음세대교육을 교회교육 중심인 것에서 새로운 관점으로 이동시켜 준다. 그 관점은 우리가 어디로 가야 할 것인지를 제시하고 있다. 이제 이 질문을 가지고 현재를 다시 성찰해 보자.

첫째, 교육의 1주체, 가정인가? 교회인가?

먼저 기독교 전통에서 가져온 질문을 교육대상에 비추어 볼 수 있다. 현재 교회교육 중심의 다음세대교육은 그리스도인 자녀와 비그리스도인 자녀를 혼합하고 있다. 학령인구가 많은 시기에 전도로 유입된 비그리스도인 자녀들을 포함한 교육이 일반적이었기 때문이다. 그 시대에 충실한 교육 접근이었다고 볼 수 있다. 그런데 혼합한 교육대상의 접근방식은 그리스도인 자녀교육을 약화시키는 결과를 낳았다. 또한, 비그리스도인 자녀 중심의 재미추구형 교육 활동을 활성화 시켰다.

이것은 앞서 교회교육 중심의 진단에서 나온 딜레마를 설명할 수 있다. 교회학교가 재미없다는 진단과 지나치게 흥미 위주의 교육을 하고 있다는 딜레마이다. 이제는 전도로 들어오는 아이들의 숫자가 작기 때문에 교육의 대상을 그리스도인 자녀 중심으로 전환할 수 있을 것이다. 아니 그렇게 할 수 밖에 없게 되었다. 아쉬운 점은 이러한 교육 변화가 조금 더 일찍 일어났어야 했다는 것이다. 교육대상에 따라 교육이 달라진다. 그러니 지금 하루빨리 교육 대상의 초점을 옮겨야 한다.

교육대상의 변화는 '교육 주체가 누구인가?'라는 질문으로 이어진다. 부모가 자녀

이야기학교 학기 말 부모면담

교육의 1주체라고 성경은 가르친다.[5] 그런데 한국교회는 교회교육 중심으로 움직이면서 신앙 전수의 1주체인 그리스도인 부모 역할을 축소해왔다. 교회가 1주체 역할을 맡으면서 부모가 뒤로 물러나게 되었다. 이런 이유로 부모의 자녀 양육에 대한 의식이 낮아졌고, 부모가 신앙 양육을 하는 방법을 잃어버렸다. 시간이 지날수록 교회가 자녀의 신앙교육을 떠안게 되었고, 점점 그 무게가 더해졌다. 혹여 가정에서 신앙 양육을 하려 해도 부모를 뒷받침해 줄 교회의 준비가 부족한 상태에 이르렀다.

둘째, 신앙 전수가 되고 있는가?

2014년 5월, 영국에 있는 브루더호프(Bruderhof) 공동체를 방문했다. 브루더호프 공동체는 재침례파 신앙유산을 가지고, 1920년 독일에서 시작되었으며 4대륙에 23개의 공동체가 있다.[6] 공동체를 방문했을 때에 그곳에서 성장한 아이들이 왜 공동체에 남기로 선택하는지 궁금했다. 마침 미국 브루더호프 공동체에서 자란 청년이 그곳에 와 있었다. 20살이 되면 다른 대륙에 있는 공동체에서 1~2년을 지내면서 공동체에 남을 것인지, 사회로 나갈 것인지를 선택할 수 있다고 한다. 그때 이런 질문이 떠올랐다. '공동체의 아이들이 성인이 된 순간 공동체를 선택하게 하는 것은 무엇일까?' 생각할 수 있는 자연스러운 답은 '아이들이 공동체 가치를 받아들였을 때 남게 된다.'였다.

마찬가지로 신앙 전수는 공동체, 혹은 부모가 가진 가치가 전수되는 것을 의미한다. 그렇다면 한국교회가 가진 신앙 가치가 무엇인지 살펴야 한다. 과연 한국교회가 성경적이면서도 공공성을 가진 신앙 가치를 가지고 있는가? 그리고 그 가치가 있다면 교회교육에서 '가치 전수'를 하고 있는가? 그리스도인 부모는 자녀에게 무엇을 전수하려 노력하는가? 그리고 한국교회의 신앙 가치가 아이들에게 전수되고 있는가? 이런 질문에 우리가 정직하다면 성공적이지 못했다고 대답해야 할 것이다. 더 나아가 우리는 전해야 할 신앙 가치가 무엇인지 명확하지 않다는 점도 인정해야 한다.

셋째, 기독교 교육 목적을 실현하는가?

신앙 전수라는 기독교 교육은 두 가지 목적이 있다. '하나님의 형상 회복'과 '그리스도의 제자가 되는 것'이다. 다른 표현으로 바꾸자면, 하나님의 성품(성령의 성품)을 닮는 것[7]과 예수님의 정신(성경적 가치)을 갖는 것이다. 이것을 학문적 용어로 받아들이면 어렵게 느껴진다. 그리스도인 부모로서 '성인이 된 자녀가 어떤 모습이기를 바라는가?'에 답해보면 피부에 와 닿는다. 일반적으로 그리스도인 부모들은 자녀가 하나님의 성품을 가지고, 기독교 가치로 살아가는 모습을 기대할 것이다.

그렇다면 성품은 어떻게 길러지는가? 그리고 가치는 어떻게 형성되는가? 성품은 그리스도의 성품을 닮은 어른들과의 상호작용을 통해 길러진다. 가치는 아이들이 경험하는 문화 속에서 형성된다. 두 가지 모두 그리스도인 어른들의 인격과 문화를 통해 전수되는 것이다.

성품은 일반교육에서 말하는 인성과 중복되는 것 같지만 엄밀하게 보면 다르다. 일반교육의 인성은 사람이 가져야 할 합의된 성품으로 본다. 반면 성경적 성품은 하나님께서 가지고 계신 본성을 말한다. 그러니 다음세대교육에서 성품 교육은 핵심 중의 핵심이다. 이런 성품을 아이들이 어디에서 영향 받고 있는가를 묻는다면 대답은 자명하다. 일차적으로 가정에서 가장 많은 영향을 받는다.[8] 그리고 이차적으로 아이들이 다니는 교육기관으로부터 영향을 받고 있다. 교회에서 받는 영향은 3순위 이후가 될 것이다. 그렇다면 다음 세대 성품 교육을 위해 가장 관심을 두어야 할 곳이 보인다. 그리고 우리가 놓치고 있었던 것도 알게 된다. 교회교육 중심의 관점에서는 가정의 성품 교육을 약화시킨다는 것이다. 더 좋지 않은 상황은 학교 교육에서 성품과 도덕성 교육을 중요시하고 있지 않다는 점이다.[9] 도덕성은 한 개인의 사람됨과 타인과 함께 살아가는 기초가 되어야 한다. 그런데 도덕성을 강조하는 것이 개인의 권리를 침해하는 것처럼 여겨지고 있다.

가치관 면에서는 어떠한가? 기독교 교육이 가치관(세계관) 교육이라는 점을 기독교 교육자들은 공통으로 말한다. 가치관은 사회를 어떻게 바라보고, 삶을 어떻게 해석하고 살아갈 것인가를 결정하는 틀이다. 그런데 기독교대안학교를 하면서 고민스러운 점 중 하나는 보수적인 신앙일수록 신앙을 교회 내 생활로 한정 짓고 있다는 것이다. 기독교대안학교에 발을 내딛는 대부분의 교사는 보수적인 신앙의 영향을 받았다. 그들은 교과목과 교회의 종교 생활을 통합하지 못하고 이원론적으로 가르친다. 교회교육을 담당하는 사역자들은 기독교대안학교 교사들보다 교회 밖의 삶의 영역을 더 다루지 못한다. 교육은 하나님과 하나님께서 창조하신 모든 세계를 배우는 것이다. 교회 내의 제자도가 아니라 온 세상을 회복하는 제자도를 길러주는 것이 기독교 교육이다. 다음세대교육을 위해 하나님 나라 신학을 올바르게 이해할 필요가 있다. 창조세계 전체를 조망해야 신앙에서의 기독교 가치관이 올바로 자리 잡을 수 있기 때문이다.

이처럼 하나님 나라 관점으로 기독교 교육을 바라보면 아이들이 생활하는 곳에서 어떤 가치관의 영향을 받는지 살펴볼 수 있게 된다. 혜성교회에서 교육사역자들과 자체연수를 하면서 이점을 다루었다. 그리고 아이들이 가치관에서 영향 받는 순서를 정해 보았다. 단연코 1위는 가정이다. 다음은 미디어, 그리고 학교, 친구, 지역사회 순위로 이어진다. 교회의 영향이 몇 번째인지에 대해서는 의견이 조금씩 다를 수 있지만, 가정과 미디어 그리고 학교의 영향을 더한 것에 비하면 매우 작은 부분을 차지한다는 사실에 모두가 공감한다. 한 사람의 가치관은 책으로, 글로 배우는 것보다 그 사람이 접하는 일상의 환경에서 더 큰 영향을 받는다. 우리는 가정, 학교, 미디어가 주는 가치관의 영향에 대해 종합적으로 고찰해야 한다.

넷째, 교육방법은 적절한가?

교회교육은 예배를 교육의 중심으로 한다. 그리고 설교를 가장 핵심적인 교육수

단으로 본다. 교회교육에 있어서 예배가 교육의 중요한 요소인 것은 사실이다. 하지만 설교가 교육의 전부라고 본다면 교육에서 많은 것을 놓치게 된다. 더 많은 요소가 어우러져 아이들을 성장시키고 있기 때문이다. 그리고 예배가 교육의 중심이고 설교가 핵심이라고 보았을 때, 교육적으로 다음과 같은 질문을 던져야 한다. 설교자가 교육적 관점을 가지고 있는가? 설교자의 전달력이 충분한가? 설교자는 연령에 따라 적합한 메시지를 선별하고 있는가? 설교자는 발달 시기에 따른 성장과제를 고려한 내용을 포함하고 있는가? 여기에 더해서 교회학교에서 잘 준비된 예배를 하고 있는가? 그리고 교회교육에서 예배의 풍성함을 경험시키고 있는가?[10]

교회학교 예배를 잘 준비해야 한다는 의미는 첫째, 신학적인 의미를 충분히 고민하고 반영해야 한다는 것이다. 둘째, 예배를 준비해서 해야 한다는 것이다. 혜성교회는 교육부 예배에 관한 고민을 하면서 기독교교육과 교수를 초청하여 예배 신학을 배웠다. 교회학교 예배는 예배론 자체와 교육적 이해가 동시에 포함되어 있기 때문이다. 그리고 교육부는 NCD로부터 컨설팅을 받으면서 주일학교 예배를 준비하기 시작했다. 이유는 간단하다. 장년 예배를 준비해서 하는 것에 의문을 갖지 않듯이 주일학교 예배도 준비해야 한다는 것이다. 잘 준비된 예배는 하나님과의 관계에서 방해를 최소화하고 더 깊은 만남에 도움을 준다.

교회교육 중심에서 중요하게 다루는 또 한 가지는 공과이다. 공과 진행의 어려움은 계속된 이야기이다. '시간이 짧다.' '아이들이 말하지 않는다.' '실천까지 이어지지 않는다.' '아이들을 집중시키기 어렵다.' 등이다.

성경을 가르치는 것은 중요하다. 그렇기에 교단에서는 공과를 개발하는 것에 큰 노력을 기울인다. 그런데 공과 중심의 교육은 많은 지식을 가르치려 한다는 점에서 일반 교육시스템과 유사하다. 이것은 두 가지 점에서 생각해 봐야 한다. 하나는 '작은 교회에서 학교 시스템이 가능한가?' 이다. 학교 시스템과 같은 교회교육은 충분한 자원(교육지도자, 교사, 교실, 교재)이 있는 환경에 적합하다. 그러나 한국 교회의 대부분은 작은 교회이다. 다른 하나는 '많은 지식이 성품과 가치관 형성에 얼마나 기여하는가?' 이다. 지식은 꼭 필요하지만, 성품과 가치관 형성을 위해서 지식축적만으로는 한계가 있다. 공과를 가르치지 말아야 한다는 주장이 아니라 지식을 가르치는 것에만 치중해 왔다는 점을 말하는 것이다.

덴마크 에프터스콜레 현대무용 수업

북유럽 교사연수에서 한국의 기독교대안학교 교사들이 놀라워했다. 무엇을 보고 그랬을까? 교사들 입에서 나온 말은 이것이었다. "수업이 되네요!" 이것이 놀라운 일이라니 씁쓸했다. 한국교육의 실태가 어떠한지 여실히 보여주는 장면이다. 교회학교 공과 시간도 한국 교실에서 일어나고 있는 모습과 동일하지 않은가? 무엇이 문제일까? 네덜란드 덴마크, 독일의 기독교자유학교 교실에서는 수업이 잘 이루어지고 있는 이유는 무엇일까? 근원적인 원인은 가정에서 성품이 잘 형성되었기 때문이다.[11] 교회 공과 진행의 문제는 교사의 능력으로만 취급할 수 없는 부분이다. 또

한 가지는 교육방법에서 일방적 티칭(Teaching)을 벗어나고 있다는 점에 주목해야 한다. 일반교육에서는 가르치는 것을 줄이고 스스로 배울 수 있는 방향으로 진행하고 있다.[12] 기독교 교육은 상호배움이 일어나도록 하는 교실 수업을 중요하게 여긴다. 인격적인 교류와 대화 속에서 배움이 확장되기 때문이다. 이제 교회교육도 티칭에서 코칭(Coaching)으로 전환해야 한다. 그리고 한 단계 더 나아간다면 커넥팅(Connecting)까지 나아가야 한다. 커넥터(Connector)로서의 교사는 한 아이의 성장을 위해 자신이 다 가르치는 것이 아니라 필요한 것들을 연결해주고 안내해 줄 수 있다. 혼자서 가르치는 것이 아니라 협력해서 성장을 돕는 것이다. 이러한 시각은 교육을 보다 확장적으로 볼 수 있게 해준다.

다섯째, 아이들이 학교와 사회에서 받는 영향을 고려하는가?

A학생 : 드라마 'SKY 캐슬'은 강남과 대치동의 모습을 다 보여준 것이 아니에요.
저자 : 학원에서 배우면 학교 선생님들은 무엇을 하니?
A학생 : 아이들은 돈 안 드는 과외선생님으로 생각해요.
저자 : 그렇게 자란 아이들이 어떻게 될 것 같니?
A학생 : 고위층에 올라 사리사욕만 채우는 사람이 되지요!

한국 사회 교육 민낯을 드러낸 드라마 'SKY 캐슬'이 인기를 끌었다. 드라마가 종영한 지 얼마 지나지 않았을 무렵, 강남에서 고등학교에 다녔고 대치동 학원에서 아르바이트하는 아이와 나눈 대화 내용이다.

기독교 부모들은 아이들이 학교에서 어떤 교육을 받고 있는지 알고 있는가? 교육부 사역자가 일반학교의 교육 현장에 가보았는가? 교회교육 중심의 다음세대교육은 아이들이 학교에서 받는 가치관의 영향을 등한시한다. 하지만 초등학교부터 고등학교까지 받는 일반교육은 아이들의 가치관을 점령하고 지배할 수 있다.

특히 영유아 교육에 더 많은 관심을 가져야 한다. 어린이집과 유치원은 가정 다음의 최초 교육기관이다. 유아기의 교육은 그 어느 시기보다 영향이 크다. 이 점에서 기독교유아교육인 선교원을 잃어버렸다는 것이 매우 아쉽다. 더구나 관인 유아 교육기관은 정부 지원으로 인해 기독교 교육이 옅어지고 있다. 그리스도인 부모들이 이에 대해 얼마나 주의를 기울이고 있을까? 또 한 가지 교회교육에서 영유아 교육은 가장 천대받고 있다는 점이다. 가장 중요한 교육 타임을 놓치게 되는 결과를 낳고 있다.

교육 현장에 오래 있을수록 취학 전 교육의 중요성을 알게 된다. 심지어 영유아기 교육의 중요성은 경제학자들의 교육 투자와 결과에 관한 연구에서도 증명되었다.[13] 4차 산업혁명으로 인해 미래 교육을 준비하라는 교육자들의 입에서 나오는 이야기도 영유아 시기의 중요성이다. 로베르타 골린코프, 캐시 허시-파섹은 『최고의 교육』에서 앞으로 6C 역량을 갖출 것을 주문한다.[14] 6C는 협력(Collaboration), 의사소통(Communication), 콘텐츠(Content), 비판적 사고(Critical Thinking), 창조적 혁신(Creative Innovation), 자신감(Confidence)을 말한다. 저자들은 각 역량을 1단계에서 4단계의 과정으로 나누고, 각 단계로 이끌어주는 방법을 설명한다. 모든 역량의 출발은 영유아 시기부터 단계적으로 성장한다는 점을 볼 수 있다. 영유아 시기에서 1, 2단계가 성장하지 못하면 3, 4단계로 올라갈 수 없다. 그만큼 미래 교육에 있어서까지 영유아 교육을 간과할 수 없다는 부분인 것이다.

아이들이 사회에서 받는 것 중 미디어 영향력은 막강하다. 기독교 교육자들은 인터넷, 텔레비전, 핸드폰, 영화, 광고 등의 영향력을 말해왔다.[15] 부모들은 너무 어린 나이에 핸드폰을 손에 들려준다. 부모들이 아이들을 통제하는 수단으로 사용하기 시작하지만, 역으로 통제할 수 없게 되고 만다. "핸드폰을 어떻게 해야 하나요?" 저자가 부모 강의를 마치고 "질문하세요."라고 하면 첫 번째로 나오는 질문이다.

일반학교에서 핸드폰을 제출하도록 하지만 막을 수 없다는 것을 현직 교사들은 고백한다. 마찬가지로 교회학교에서도 홀로 대응할 수 없다. 2020년 코로나 19 대유행으로 공교육은 온라인 개학을 했다. 부모들은 이 상황에서 과제를 안게 되었다. '가정에서 인터넷 생활교육을 어떻게 해야 하는가?'이다. 기술을 어떻게 활용할 것인가와 함께 부작용을 어떻게 대처해야 할 것인가를 생각해야 한다.

부모가 미디어에 대한 대처 의식이 약한 이유 중 하나는 자신들이 이미 미디어를 많이 사용하기 때문이다. 아이들이 미디어에서 어떤 것을 접하는지 잘 알지 못하기 때문이기도 하다. 또 다른 이유는 미디어 자체에서 미디어의 부정적인 면을 잘 다루지 않기 때문이다. 그러나 그리스도인 가정과 교회학교에서 미디어의 영향력을 인식하고 제한하는 노력이 필요하다. 손을 놓고 있을 수 없는 영역이다.

2장

하나님 나라의 교육을 이해하자

1장에서 기독교 전통에서 나온 진단 질문을 제시했다. 그리고 그에 따라 5가지를 짚어보았다. 이번 장에서는 어떤 관점으로 다음 세대교육을 해야 하는지 설명하려 한다. 그것을 하나님 나라 교육이라고 표현한다. 개인적으로 기독교 교육이라는 말보다 하나님 나라 교육이라는 말을 더 선호한다.

하나님 나라 교육에서 근본이 되는 것은 성경을 기초로 한 교육 신학이다. 그리고 그 위에 교육을 건축한 것이 기독교 교육이다. 개혁주의 관점으로 하나님 나라와 창조-타락-구속-회복-완성(새 창조)이라는 체계로 교육을 바라본다. 하나님 나라 교육은 하나님 나라 시민으로서의 정체성을 갖게 한다. 하나님 나라 관점으로 창조세계를 바라보게 한다. 기독교 가치로 역사를 인식하고 삶을 해석하며, 사회에 참여하도록 한다.

평가
교육방법
교육과정 : 통합적
교육목표 : 인간상
교육철학 : 샬롬의 교육

교육신학 : 하나님 나라 관점

캐나다 온타리오 주에 있는 기독교 학교들은 하나님 나라 관점의 교육방법으로 PBL(프로젝트 기반 수업, Project Base Learning)을 사용하고 있다. 기독교 교육을 교회에서 하는 종교교육과 기독교 학교에서 하는 교육으로 나누는 것이 아니라 그리스도인으로서 사회에 참여하는 통합적인 시각을 가지고 있다. 교육은 하나님 나라 시민으로서 이 사회를 변혁시켜가는 존재를 키우는 것이다.

하나님 나라 교육이란?

하나님 나라 교육은 샬롬을 위한 삶을 살도록 하는 것이다. 샬롬은 하나님 나라가 완전히 구현된 상태를 의미한다. 하나님과 사람과 자연, 그리고 자기 자신까지 올바른 자리매김과 관계를 하는 것이다.[16] 그리고 샬롬을 위한 삶은 창조세계가 번영하도록 하는 것을 말한다.

개혁주의 전통에서 하나님 나라 교육의 주체와 교육방법은 명확하다. 가정과 교회와 기독교학교가 3주체로서 협력하고 역할을 분담한다. 반면 한국교회는 가정에서 하는 양육을 기독교 교육으로 인식하지 않는다. 기독교 교육은 가정에서 가르치는 것을 포함한다. 이뿐만 아니라 더 중요한 신앙 양육은 성경적 가정을 가꾸는 것 자체에서 출발한다. 이 부분은 2부에서 조금 더 다룰 것이다.

한국교회는 기독교 학교에 대한 이해도가 낮은 편이다. 먼저 '미션스쿨'과 '기독교 학교'를 혼동한다. 미션스쿨은 선교사들이 복음 전도를 목적으로 설립하였다. 미션스쿨은 채플과 종교교육이 있어 선교에 용이한 점이 있지만, 국공립학교와 같은 교육과정을 운영한다. 반면 기독교 학교는 모든 영역을 성경에 기초하여 교육하는 것을 목적으로 한다. 따라서 학교운영, 교육과정, 교육방법, 그리고 평가에서도 일반교육과 차이점이 있다. 다음으로 '학교 부적응을 돕는 대안교육'과 '기독교 대안교육'을 혼동한다. 학교 부적응을 돕는 대안교육은 1990년대 후반 학교이탈 학생들을 돕기 위해 설립한 학교들의 이미지이다. 또 발달장애 아이들을 위한 교육을 대안교육으로 오해한다. 이에 반해 기독교 학교는 평범한 그리스도인의 자녀를 기독교적 성품과 가치로 길러내기 위해 교육한다. 끝으로 다른 나라의 교육과정을 도입하여 운영하는 학교는 기독교 대안교육과 구분해야 한다. 독일의 발도르프교육처럼 확실한 대안적인 교육으로 인정되었다면 우리 사회에서도 대안교육으로 볼 수 있다. 하지만 외국 커리큘럼을 들여와 실행하는 것을 기독교 대안교육으로 보는 것은 적절하지 않다.

정리하자면 하나님 나라 교육은 성경을 기초로 샬롬의 삶을 살아가도록 하나님의 성품과 기독교 가치를 길러내는 가정, 교회, 학교의 교육 활동이라고 정의할 수 있다.

하나님 나라 교육의 목적은 무엇인가?

하나님께서 성경에서 말씀하신 자녀 교육의 목적은 '하나님을 경외하는 사람'을 길러내는 것이다. 저자는 그러한 사람을 '샬롬을 누리고 만들어가는 사람'이라고 정의한다. 그리고 샬롬의 사람은 첫째, 하나님 형상(성품)을 닮아가고, 둘째, 온 세상을 회복하는 제자가 되는 것이다.

먼저 하나님의 형상을 회복하는 것은 복음 안에 있어야 가능하다. 복음 안에서 하나님처럼 온전케 되어 가는 것이다. 그 의미 중 하나는 하나님께서 지으신 모습 그대로 '자기 자신'이 되는 것이다. 이런 점 때문에 부모와 교사와 사회는 아이들에게 '어떤 사람'이 되라고 강요할 수 없다. 오히려 아이들에게 하나님께서 지으신 대로 자랄 수 있는 환경을 제공하는 것이 교육이다. 그렇게 하기 위해 호기심 영역, 배움의 속도, 배움의 능력 차이를 존중하는 것이다. 다른 하나는 예수님의 성품을 닮아 전인격적으로 성숙해가는 것을 뜻한다. 예수님의 성품은 인격적인 요소이자 가치(사명)에 따른 삶의 방식에서 나타난다. 성품과 가치는 전인격적인 성장이 뒷받침될 때 완성될 수 있다. 그 때문에 아이들의 모든 영역이 균형 있게 자랄 수 있도록 돕는 것이 교육이다.

다음으로 온 세상을 회복하는 제자가 되는 것은 예수님을 따라 살아가는 것을 의미한다. 예수님은 하나님께서 창조하신 모든 세계의 주권을 회복하시기 위해 오셨다. 따라서 예수님의 제자는 자기의 자리를 찾아 하나님께서 주신 은사(재능, 역량)를 활용하여 하나님 나라를 회복해가는 삶을 살아가는 사람이다. 일반사회의 가치대로 자신의 성공과 자신의 행복을 위해 살아가는 사람이 아니다. 그리스도의 제자들이 어떻게 살아가야 하는가의 기준을 미로슬라브 볼프, 라이언 매커널리린츠는 창조세계를 번영하게 하는 것이라고 정리하였다.[17] 그들은 1) 자기 삶을 잘 이끌어가고, 2) 삶이 잘 풀려야 하며, 3) 기쁨이 있는 삶을 번영하는 삶이라고 설명한다. 자기 삶을 잘 이끌어가는 것은 그리스도의 제자가 할 일이고, 삶이 잘 풀리는 것은 통제할 수 없는 외적 요인이다. 제자는 이 세 가지 기준에 따라 사회의 모든 이슈를 분석하고 해결 방안을 찾으며 사회에 참여한다.

하나님 나라 교육은 공동체 교육이다

개혁주의 전통에서 자녀들이 하나님 백성 되도록 하는 데 필요한 것이 있다고 말한다. 그것은 바로 가정-교회-학교에서 공통의 언어를 사용해야 한다는 것이다. 그렇다면 한국 사회에서 아이들이 가장 많이 듣는 말은 무엇일까? 그것은 "공부 잘해라. 그러면 성공한다."라는 말이다. 이 말은 가정에서 부모, 학교에서 교사, 교회에서 목사도 공통으로 하는 말이다. 미디어와 지역사회도 한 몫 거든다. 아이들은 학교에 들어가기 전부터 이 말을 듣는다. 이 말의 내적 의미는 "성공하기 위해서는 경쟁에서 이겨야 한다.", "강한 사람이 살아남는다."이다. 어른들이 하는 공통의 언어는 아이들의 삶의 가치가 된다. 그리스도인 자녀들도 같은 언어를 듣고 자랐기에 그들도 사회에서 누군가를 이기기 위해 교회를 떠나고 있다. 우리는 우리가 뿌린 씨앗의 열매를 우리 자녀에게서 거둬들이고 있다.

따라서 다음세대교육은 3주체(부모-교사-교회 지도자)가 성경적 언어로 바꾸는 것에서 시작해야 한다. "하나님 안에서 '자기 자신'이 되어라 그리고 하나님 안에서 '네 삶'을 살아가라." 이것은 하루아침에 일어나지 않을 것이다. 우리 머리에는 '공부가 아니면 무엇을 해야 하지?'가 맴돌고 있기 때문이다. 저자는 이것을 교육적 회심이라고 부른다. 다음세대교육을 위해 교육 주체들이 하나님 앞에서 교육적 회심을 해야만 한다. 그리고 가정과 교회와 학교는 '말의 언어'가 아닌 '삶의 언어'로 가르쳐야 한다.

가정은 성품과 신앙을 경험하도록 하나님 나라를 만들어간다. 교회는 믿음의 뼈대인 신조를 성경과 삶으로 배우도록 한다. 학교는 성경적 관점으로 사회를 이해하도록 교육한다. 이렇게 교육 공동체가 협력하여 교육할 때 자녀들은 세속화의 덫에 걸리지 않고 신앙의 성품과 가치관을 세워갈 수 있다.

기독교 학교는 삶을 교육한다

덴마크 기독교자유학교연맹 사무총장 부부가 한국을 방문했다. 사무총장의 부인은 초등교사를 양성하는 교수였다. 이들 부부가 잡지의 인터뷰에서 한국의 대안학교 교실을 방문해본 소감을 묻자 다음과 같은 말을 했다.

> "한국은 덴마크 교실보다 잘 가르칩니다. 그런데 우리(덴마크) 교육은 관점이 다릅니다. 덴마크 교육은 현재의 결과가 아니라 사회에 나갔을 때 드러납니다. 우리는 다른 사람과 함께 살아가기 위한 관계를 목적으로 교육하기 때문입니다."

일반교육에서도 교육은 삶을 위한 것이라고 말한다.[18] 그리고 2022년부터 대한민국의 교육도 '교육은 삶'이라는 방향으로 가려 한다.[19] 영국의 기독교 교육자 샬롯 메이슨은 아이들이 '정신적으로 풍요로운 삶'을 살아가도록 교육해야 한다고 말했다.[20]

정신적으로 풍요로운 삶을 위해서는 사상(가치)과 관계가 중요하다. 정신적인 면을 위해서 '살아있는 사상'이 주어져야 하고, 관계적인 면을 위해서 평화 감수성이 마음에 자리하도록 해야 한다. 그런데 안타깝게도 한국교육의 특징은 입시 중심의 교육과 학교 폭력을 대처하는 교육관계자들의 행동에서 드러난다. 폭력은 많아지고, 폭력을 또 다른 폭력으로 다스린다. 학교와 사회처럼 폭력을 처벌함으로 해결할 수 있다는 응보적 시각은 그리스도인들도 동일하게 갖고 있다. 그리스도인들이 가져야 할 '이웃사랑'은 평화로운 '관계 맺기' 교육을 통해 열매를 맺을 수 있다. 또 함께 사는 데 필요한 것은 전인적 성장이다. 정서적, 신체적, 영적, 인지적 영역에 있어서 모든 면이 자라야 한다. 삶은 단순히 지식-정보만을 배움으로 되지 않는다. 삶은 교과서 내용보다 더 복잡하다. 말과 글로 다 설명할 수 없는 것들이 있다. 전인적인 성장은 복합적인 삶을 살아갈 수 있는 토대를 만들어 준다.

마지막으로 함께 살아가기 위해서는 정의로서의 사랑을 이해해야 한다.[21] 하나님 나라의 삶은 약자에게 정의가 이루어지는 것을 중요시한다. 이런 삶은 사회와 연계하여 직접 참여하며 배울 수 있다. 이런 점에서 하나님 나라 교육은 삶에 직접 부딪혀 볼 기회를 준다. 예를 들어 이야기학교에서는 대선과 총선이 있으면 초등학교 5학년 이상을 대상으로 모의 투표를 한다. 선거관리위원회에서 가정으로 보내온 한 지역구의 후보와 정당 홍보자료를 전시하고, 투표용지를 사정에 맞게 조정해서 투표한다. 이런 경험을 통해 정치적 행동의 선택을 배울 수 있다. 청소년기부터 정치적 선택이 정의로서의 사랑을 실천할 기회가 된다는 것을 알아야 한다. 이처럼 삶을 삶으로 배워야 한다.

기독교 교육의 '앎'은 체험적 앎이다

지식관은 교육방법 결정에 영향을 준다. 한국교육은 근대 지식관을 따르고 있다. 지식을 대상으로 여기고 떨어져서 관찰할 수 있다는 관점이다. 그래서 한국교육은 일방적으로 가르치는 교육방법을 주로 사용한다. 그것도 매우 많은 양을 아이들에게 가르친다. 그런데 여기에 맹점이 있다. 교사가 가르치는 교재 내용과 완전히 분리된다는 것이다. 좋은 교사는 잘 가르치기만 하면 된다. 교사는 가르치는 내용을 인격화하거나 삶에 적용하지 않아도 된다. 교사는 지식 전달자라는 역할에 충실하면 되기 때문이다.

그러나 성경적 지식관은 체험적인 앎을 포함한다. 지식과 정보 외에 경험에서 참 지식을 얻는다는 관점이다. 성경적 '앎'을 가정교육에 적용한다면 부모가 말하는 것은 부모의 삶으로 경험시켜야 한다. 교회교육에서는 목회자가 설교하고 교사가 가르치는 것을 삶으로 가르침을 보여야 한다. 그리고 학교 교육에서 교사는 가르치는 내용을 인격화해서 학생에게 제공해야 한다. 지식과 가르치는 사람은 분리되지 않는다. 가르치는 사람이 가르치는 내용을 인격화해야만 진정한 가르침을 할 수 있다.

만약 현재와 같이 지식과 교사의 인격이 분리된 채로 교육을 계속한다면, 아이들은 아는 것과 삶의 실천을 분리시킬 것이다. 아는 것은 시험을 치르는 성공의 도구로 전락하고, 사는 것은 자기에게 유리한 것을 보고 선택하게 된다. 모두가 그런 것은 아니지만 일반교육을 받은 똑똑한 사람이 중요한 직책을 맡아 나쁜 짓을 하게 되고, 교회교육을 받고 자란 아이들은 성경을 배워 아는 것을 실천하는 힘이 없게 된다. 그러니 아는 것과 실천하는 것이 하나가 되는 교육을 해야 한다. 부모, 교사, 교회 어른들은 삶으로 가르치고, 아이들은 교재만이 아니라 삶 속에서 배워야 한다.

교과목보다 생활교육이 더 크게 영향을 준다

아이들은 교재를 머리로 기억하지만, 교사와 어른들이 가르친 삶의 교육은 전인격으로 수용한다. 이런 점에서 영국의 교육자 샬롯 메이슨이 말한 교육방법은 매우 중요하다. 그녀가 제시한 첫째 방법이 '분위기'이다.[22] 샬롯 메이슨은 가정을 따뜻하고 수용적으로 만드는 것이 중요한 교육방법이라고 설명한다. 같은 방식으로 교회

이야기학교 신뢰써클(대화모임)

가 아이들을 환대하는 것도 교육이다. 학교에서 교사와 학생이 상호 존중하는 문화가 교육이다.

> 학생 : 선생님, B가 욕을 해요!
> 교사 : 어떤 욕을 했는데?
> 학생 : '에이 씨'라고 했어요.

이야기학교 초등과정의 아이들에게서 일어나는 일이다. 이야기학교에서 관계의 폭력 기준은 "친구가 하지 말라는 것을 하면 폭력이다."이다. 이런 기준으로 학교문화를 만들어왔다. 그런데 일반교육에 오래 있었던 아이일수록 관계방식과 언어와 행동이 거칠다. 그 이유를 살펴보았다. 아이들은 교과목 점수로만 평가하는 폭력적인 문화에 노출되었기 때문이다. 가정이나 학교에서 아이들은 인격체로 존중받은 경험이 부족하다. 자신의 목소리, 자신의 내면에 관해 관심을 가진 어른을 만날 기회가 없었다. 존중받지 않은 아이는 분노가 쌓이고 폭력지수가 높아진다.

이런 아이들은 존중의 문화 속에서 최소 2년 이상을 지내야 때 마음이 따뜻해진다. 처음에는 눈치를 보며 관계를 조심히 한다. 조금 지나면 자기의 본 모습을 드러낸다. 건강한 문화 속에서 자신의 좋은 모습과 그렇지 않은 모습을 살펴볼 기회를 얻는다. 학교 구성원은 타인을 존중하지 않는 말과 행동을 받아들이지 않는다. 건강한 방식을 할 때만 환영한다. 그렇다고 거친 언행에 대해 처벌하는 방식으로 가지 않는다. 안전한 공간에서 대화하고 합의를 통해 자기 스스로 책임을 지는 행동을 결정한다.

바로 이것이 회복적 정의 생활교육이다. 이야기학교에서 10년 동안 회복적 정의 관점으로 생활교육을 해왔다. 존중의 문화를 만들기 위해서 가장 우선되어야 하는 것은 교사의 태도 변화이다. 수직적인 문화에 익숙한 교사가 수평적 문화를 이해해야 한다. 아이들을 하나님의 형상을 닮은 존재, 독특함을 가진 존재로 인정해야 한다. 교사는 학교문화를 만들고, 아이들은 건강한 성경적 문화 속에서 관계의 부드러움을 배워간다. 이러한 문화 만들기는 가정과 교회교육에서도 가능하다. 아니 최우선의 교육방법이기에 받아들여야 한다. 앞서 설명했듯이 기독교 가르침은 말의 언어만이 아니라 삶의 언어가 수반되어야 한다. 그렇게 할 때 우리가 가르치고자 하는 성품이 아이들에게서 나타나는 것을 볼 수 있다.

교육은 '그 사회'를 기반으로 한다

한 학교에서 오전에 종이 울리자 전교생이 운동장으로 나갔다. 그리고 음악에 맞춰 모두가 같은 동작으로 체조를 한다. 다른 학교에서는 아이들이 교정을 이동할 때 두 줄로 열을 지어 다니고 있었다. 전자는 중국의 공립학교 모습이고, 후자는 중국에 있는 캐나다 국제학교 풍경이다. 오래전 우리나라 학교를 보는 듯한 느낌을 받았다. 중국의 집단적인 문화가 교육에 스며들어 있는 것이다.

교육을 알기 위해 덴마크, 독일, 네덜란드에 다녀왔고, 미국, 캐나다를 방문했다. 그리고 중국, 뉴질랜드 학교를 둘러볼 수 있었다. 여러 국가의 교육을 보면서 알게 된 사실은 교육은 그 사회의 체계와 가치를 반영하고 있다는 점이었다. 그리고 교육의 목적은 그 사회에 적응할 수 있도록 하는 것이다. 이 점에서 한국교육이 절대적이지 않다는 사실도 알게 되었다. 그리고 한국교육의 목적이 어디에 있는지 생각하게 되었다.

그리스도인들은 우리 사회의 교육 방향에 대해서 더 명확한 질문을 해보아야 한다. '우리 사회의 교육은 어떤 목적이 있는가?' 그리고 '목적 달성을 위한 교육방법이 성경적인가?' 많은 그리스도인은 이 질문에 교육목적과 교육방법에 있어 올바른 방향이 아니라고 대답한다. 일반 사회인들도 마찬가지이다. 그런데 그리스도인이나 일반인이 동일하게 반문한다. "우리 사회는 유럽과 같지 않잖아요?" 이 질문의 의미는 '교육이 엉망이어도 공부를 잘해야 한국 사회에서 살아남을 수 있어요.'라는 것이다. 이때 저자는 다시 질문한다. "우리 사회가 바람직한 가치를 가지고 있나요?", "우리 사회가 건강한 체계를 가지고 있나요?" 여기에 더해 한 마디 더 묻는다. "특히, 교육에 있어서 올바르지 않은 사회, 아이들을 힘들게 하는 교육에 적응하라고 강요하는 것이 그리스도인이 해야 할 일인가요?"

한국 사회에서 교육이 올바르지 않다는 사실에 대부분 동의한다. 아이들을 경쟁에 내몰고, 사회적 약자에게 불평등하다고 본다. 아이들의 다양성을 존중하지 않고, 인성을 경시한다고 말한다. 그리고 이런 교육은 결국 한국 사회의 모습을 반영하고 있다. 미국에서도 교육에 대해 같은 고민을 이야기한다. 미국이 동양식 교육을 추구하면서 점점 창의성이 줄어들고 있으며, 교육이 진학을 위한 수준에 머물고 있다는 것이다.[23]

이런 측면에서 하나님 나라 교육을 하기 위해서 하나님께서 기대하신 사회가 어떤 것인지 알아야 한다. 단지 어떤 사람을 키우겠다는 것을 넘어, 어떤 사회를 꿈꾸게 할 것인지 그림을 가지고 있어야 한다. 하나님께서 꿈꾸셨고, 예수님께서 회복해 가셨던 세상이 무엇인지 알아야 한다. 현대 사회를 진단하는 키워드는 개인주의와 물질주의이다.[24] 그러한 사회적 속성에 따라 교육이 이루어지고 있다. 그러나 하나님께서는 샬롬의 세상을 꿈꾸셨다.[25] 하나님께서 꿈꾸는 샬롬을 이루어갈 아이들을 길러내는 것이 하나님 나라 교육이다.

하나님 나라 교육이 미래 교육의 답이다

다음세대교육은 사회 교육의 흐름을 통찰하고 반영해야 한다. 미래 교육은 '인간은 무엇인가?'에 대해 답을 찾아가는 것이 될 것이다. 최윤식 박사는 10년 후에 'A 세대'가 등장한다고 설명한다. 이들은 세 개의 뇌를 갖는 새로운 세대로서 생물학적 뇌(Biological brain), 인공 뇌(Artificial brain), 클라우드 뇌(Cloud brain)를 갖고 있다. A 세대는 1) 매우 똑똑하다. 상황인식 컴퓨팅 기술이 통찰력과 배우는 속도와 지식축적을 높여줄 것이다. 2) 모든 것을 기억한다. 스마트 장치와 인공지능이 연결되어 거의 모든 인류의 기억이 있다. 3) 모든 것과 연결된다. 가상 공간과 웨어러블 컴퓨팅 장치를 통해 모든 세계와 연결한다. 4) 엄청난 속도로 움직인다. 어웨어러블(Awareable) 시대에 속도와 정확도가 높아진다.[26] 이런 세대를 어떻게 교육하고, 이런 세대에게 어떻게 신앙 전수를 할 수 있을까?

기술발달은 교육에서도 변화를 일으킨다. 알렉스 비어드는 2년간 세계의 다양한 교육 환경을 돌아보고 출간한 책에서 말한다. "디지털 기술로 이제는 모두가 '모든' 온라인 콘텐츠를 이용할 수 있게 됐으며, 방법적 부분은 재빨리 확충할 수 있고, 교사들이 세계 저 멀리까지 영향력을 끼칠 수 있게 됐다."[27] 교사가 없는 교실이 등장한다. 비슷하게 한국은 코로나19로 인해 전국단위로 온라인 학습을 실험하고 있다. 미래 교육을 이야기할 때 기술발달 앞에서 주눅 들게 된다. 그러나 가만히 살펴보면 기술이 발달할 뿐이다. 그렇기에 교육에서 방법의 변화가 주로 이루어진다. 물론 기술발달은 윤리적, 철학적 질문을 일으킨다. 작지 않은 문제이다. 하지만 교육이라는 것 자체는 변하지 않는다. 그리고 교육의 대상인 '인간'도 근원적인 면에서 변하지 않는다.

알렉스 비어드는 미래 교육 방향 9가지를 제시한다. 1) 평생 배운다. 배우는 방법을 배우도록 한다. 2) 비판적으로 사고한다. 3) 창의성을 발휘한다. 4) 품성을 개발한다. 5) 일찍 시작한다. 영유아의 건강한 부모 애착이 중요하다는 의미이다. 6) 협력을 강화한다. 7) 가르치는 연습을 한다. 교사들에게 잘 교육할 수 있도록 존중하고 지원하라는 의미이다. 8) 기술을 현명하게 사용한다. 9) 스스로 미래를 건설한다. 아이들이 미래를 창조하도록 이끌도록 한다.[28] 이어서 이렇게 짚어낸다. "역설적이게도 기술이 발전하면 할수록 인간은 더욱더 인간적이어야 한다."[29] 따라서 미래 교육은 새로운 교육이 아니라 교육의 근본적인 면을 더 선명하게 보게 한다.

인간이 인간다움을 어떻게 가질 수 있느냐 하는 것에 대해 성경은 답을 준다. 그러니 성경적 원리에 입각한 하나님 나라 교육은 가장 좋은 미래 교육이다. 로베르타 골린코프, 캐시 허시-파섹의 『최고의 교육』에서 이야기한 6C가 이야기학교 교육에서 강력하게 이루어지고 있다. 미래 교육은 하나님 나라 교육을 본질적으로 추구했을 때에 가능하다는 사실을 경험하고 있다. 하나님 나라 교육은 학교에서만이 아니라 가정, 교회에서 하는 모든 교육 활동이라고 정의하였던 것을 기억해보자. 로베르타 골린코프, 캐시 허시-파섹은 교실 밖의 활동에서 얼마나 많은 교육이 일어나는지를 설명하고 있다. 그러니 학교 교육에서만 가능한 것이 아니라 교회교육과 가정양육에서도 미래 교육을 실행할 수 있다.

한 아이의 전 생애적-전인격적 성장이다

사람이 독립할 수 있도록 준비하는 기간은 20년이다. 아이들은 연령별로 과제를 해결하며 나무의 나이테가 생기듯 성장한다. 한 아이를 교육할 때 어제와 오늘 그리고 내일까지 포괄적 시점을 가져야 한다. 그러나 아쉽게도 현대의 교육은 세대 간 단절의 연속이다. 영아, 유치, 유년, 초등, 중등, 고등, 청년, 장년, 노년에 이르기까지 연속선이 없다. 영아 사역자라도 성인까지의 생애발달을 알아야 한다. 청소년 사역자도 영아기를 알아야 한다.

영유아기는 성품의 기초가 형성된다. 이 시기의 성장이 평생의 삶을 좌우한다. 또 유아기는 관계성의 기초가 놓인다. 초등 1학년 아이들이 교실에서 보이는 관계방식은 영유아기의 결과이다. 이 때문에 영유아기에 성품이 좋은 부모와 교사를 만나야 한다. 초등 시기는 하나님의 씨앗이 발현되는 때이다. 그렇기에 다양성이 존중받는 교육 환경을 제공한다. 결과를 요구하는 것이 아니라 아이 속에 무엇이 있는지 싹이 트도록 돕는다.

청소년 시기는 초등의 잠복기를 지나 어른이 되어가는 급속한 성장의 시기이다. 자기 정체성을 확립하고, 인생을 설계해 나간다. 자기 정체성은 사람 환경이 중요하다. 주변의 어른들이 어떻게 조응해 주었느냐에 따라 정체성이 달라진다. 인생을 설계하는 것에서는 가치가 매우 중요하다.

청년 시기에는 가치관이 구체화 된다. 청년기에 나누는 '담론'이 인생의 관점이 된다. 현대 청소년부터 청년까지 주로 나누는 주제는 먹고사는 문제에 머물러 있다. 창조세계를 번영시키는 것과 하나님 나라를 이루어가는 주제까지 확장하지 못하고 있다. 이렇게 된 이유 중 하나는 그리스도인 선배, 어른들이 삶의 안내자가 되어주지 못하기 때문이다. 그들은 안내자를 필요로 하고, 함께 삶을 토론할 선배를 갈망하고 있음에도 연결되지 않는다. 이렇듯 한 단계를 넘어 다음 단계의 성장을 하기에 교회와 학교에서 전 생애적 교육이 필요하다.

기독교대안학교에서 교사들과 이야기하다 보면 교육을 교과목을 가르치는 것, 곧 교재를 전달하는 것으로 이해하는 것을 종종 본다. 한국교육에 특화된 훈련을 받은 교사들이기에 당연한 모습이다. 하지만 교육은 전인격으로 균형 있게 성장하도록 돕는 것이다. 보통 학습만 보더라도 머리가 좋은 사람이 공부를 잘한다고 생각한다. 그러나 내적 안정성, 지구력, 집중력, 호기심, 동기, 책임감, 성실성, 타인과의 상호작용 등 많은 요소가 복합적으로 작용한다. 또한, 교육이 잘 되었다는 말은 학습만 잘하는 학생을 의미하는 것이 아니라 한 사람의 고른 면이 성장했을 때에 사용하는 평가다. 교육을 전인격 성장이라고 바라보게 되면 교실 바깥에서 더 많은 것을 아이들이 배우고 있다는 것을 알게 된다. 그것은 교육의 기회이자, 또 위험성이기도 하다. 교실 바깥에서 배움이 일어난다는 시각은 아이들의 인격이 풍요롭게 될 수 있도록 도울 수 있다. 반면 부모와 교사가 모든 것을 통제할 수 없다는 한계성이 있기도 하다.

3장

새로운 관점으로 풀어가자

1장에서 다음세대교육을 지금까지 반복된 질문에서 새로운 질문으로 바꾸었다. 그 질문은 이전에 볼 수 없었던 면들을 볼 수 있도록 해주었다. 2장에서는 하나님 나라 교육이 무엇인지 간략히 정리했다. 이제 1장의 진단과 2장의 관점을 통합하여 새로운 관점의 해결책을 찾아보려 한다. 새로운 해결책은 낯설 수 있다. 익숙한 방식을 변화시키는 수고를 받아들일 마음 준비를 해야 한다.

네덜란드 디 미르트 초등학교

'신앙 전수가 되고 있는가?'를 지속해서 묻는다

중요한 것은 반복해서 말해야 한다는 말이 있다. 이 질문은 기독교 교육의 본질을 분명히 알게 한다. 그리고 하나님 나라 교육의 목적을 잃어버리지 않을 나침반과 같은 역할을 해준다.

네덜란드 지역을 방문했을 때에 깜뻔 지역을 중심으로 3개의 중소 도시를 '바이블 벨트'라고 명명하고 있었다. 바이블 벨트 지역의 그리스도인 부모들은 '자녀에게 신앙 전수를 어떻게 할 것인가?'에 대한 답을 찾아 실천하고 있다. 그들은 유아세례의 의미를 '언약 백성'인 부모가 '언약 자손'인 자녀를 하나님 백성 되도록 기르겠다는 언약으로 본다. 부모는 하나님과 공동체 앞에서 한 약속을 지키기 위해 가정에서부터 신앙교육을 한다. 교회에서 공동체적으로 협력하고, 기독교자유(대안)학교를 설립하여 교육한다. 이 모습을 160년 전(신앙의 자유를 위해 이주함)과 80년 전 (1, 2차 세계 대전 후 경제적 이유로 이주함) 미국과 캐나다로 이주한 네덜란드계 크리스천들에게서도 볼 수 있었다. 그들은 마을을 이루고 교회를 지을 때 학교 땅을 함께 매입하였다. 미국 미시간과 캐나다 온타리오에 거주하는 개혁주의교단 그리스도인들은 주일에 교회를 위한 헌금과 함께 기독교 교육을 위한 헌금을 하고 있다.[30]

600년 종교개혁의 영향을 받은 그리스도인들은 자녀에게 신앙을 전수하겠다는 약속을 실천하고 있다. 그들이 찾아낸 다음세대교육방법이 가정-교회-학교의 협력이라면, 다음세대교육을 어떻게 해야 하는지 답을 찾으며 뒤따라가는 우리도 그 방식을 받아들여야 하지 않을까?

자녀 양육의 주체인 부모의식을 깨운다

하나님께서는 부모에게 자녀 양육의 책임을 부여하셨다.[31] 이것은 선택의 문제가 아니라 순종의 문제이다. 부모가 자녀의 신앙양육을 책임져야 한다. 교회는 부모가 책무를 다할 수 있도록 협력의 자리로 물러나야 한다. 만약 교회교육을 더 잘하기 위한 방향을 고집한다면 성경의 명령과 원리를 벗어난 길로 가게 된다.

이것은 지금까지 해왔던 교회교육 방식을 전향적으로 바꾸도록 요구한다. 우리가 이전에 경험하지 못한 낯선 방식이다. 그러니 겸손하게 배울 마음을 가지면 좋겠다. 당장 해낼 수 있다고 자신하지 않고, 조금씩 알아가고 실행해 나갈 자세면 충분하다. 코로나19의 상황에서 전 국민이 강제적인 홈스쿨을 하게 되면서 부모의 역할이 실제적으로 다가왔다. 부모가 자녀 신앙교육의 1주체라는 추상적 언어가 실제적 언어로 다가온 것이다. 교회는 가정에 예배를 온라인으로 제공하는 역할로 바뀌었고, 예배에 참여시키고 신앙을 가르치는 일은 부모가 직접 하게 되었다. 그리스도인 부모가 해야만 하는 일을 하게 된 것이다.

기독교 교육은 하나님 나라를 경험시키는 것이다

2017년 네덜란드 VIAA에서 초등교사를 양성하는 프랑크 폰덴 바스 교수가 한국을 방문했다. 그리고 이야기학교에서 부모연수를 했다. 그는 기독교 교육을 한 문장으로 정의했다. "새로운 세계(하나님 나라)를 경험시키는 것이다."

프랑크 폰덴 바스 교수 강의

성경적 교육방법은 배경지식과 경험지식으로 구분할 수 있다.[32] 배경지식은 말과 글로 가르치고, 경험지식은 아이들이 배우고 생활하는 모든 공간에서 얻어진다. 경험지식은 성품과 가치관이 인격화되도록 하는데 더 많은 영향을 미친다. 가정에서 부모가 자녀를 대하는 모든 것이 교육이다. 부모가 자녀교육을 잘하는 방법은 그리스도의 성품과 가치를 닮아가는 것이다. 교회에서 경험하는 모든 것이 교육이다. 아이들이 교회에 왔을 때 일반사회와 다른 문화, 곧 하나님 나라를 경험할 수 있어야 한다. 교회문화도 가정과 마찬가지로 어른들이 만들어낸다.

이와 같은 이유로 하나님 나라 교육은 부모와 교사, 그리고 그리스도인들에게 성숙함과 실천적인 제자도를 요구한다. 교육의 대상을 부모와 교사로 돌리는 일이 발생하는 것이다. 이것이 하나님 나라 교육의 독특성이다. 지금까지는 아이들을 어떻게 가르칠 것인가에 집중해 왔다면, 새로운 다음세대교육은 가르치는 부모와 교사가 얼마나 성숙할 것인가에 관심을 두도록 한다. 교육의 초점이 아이들이 얼마나 많은 지식을 갖게 하느냐에서 얼마나 성장하느냐로 옮겨간다. 아이들의 실질적인 성장은 어른들의 삶을 직접 가정에서 교회에서 학교에서 경험하면서 더 강력하게 일어난다.

교회교육은 가정의 파트너로 자리 잡는다

한국교회에서 많은 시간 동안 부모 없는 교육을 해왔다. 최근에 가정과 함께하는 교육을 말하며, 부모가 참여하는 교회교육이 증가하고 있다. 그러나 이런 시도는 과도기로 봐야 한다. 종착지는 부모가 주체인 자녀교육에 교회가 협력 하는 것이다. 교회는 가정에서 제공할 수 없는 공동체적인 교육 활동을 지원해야 하는 자리를 지켜야 한다.

교회의 위치는 첫째, 교회교육은 가정을 지원하는 형태로 간다. 가정에서 할 수 없는 기독교 교육의 연대의식, 예배 공동체의 경험, 교회 신앙절기에 따른 공동체 의식, 신앙 수련의 경험 등은 교회에서 제공할 수 있는 것들이다. 둘째, 교회는 강력한 성경적 가치가 담긴 문화를 만든다. 부모들은 일반사회 가치관에 흔들릴 수 있다. 하나님 나라 교육을 하기 위해서는 강력한 공동체가 있어야 한다. 부모들은 공동체의 지지를 받음으로 성경적 교육에 전념할 수 있다.

마지막으로 교회교육 사역자는 교육적 관점을 가져야 한다. 지금까지는 목회적 관점을 가진 사역자가 주로 담당했다. 그러다 보니 교회교육 사역자의 역할을 '설교자'로 규정짓는 경우가 흔했다. 그러나 교회교육은 목회적 관점에 더해 교육적 관점이 있어야 한다. 따라서 기독교 교육을 아는 사역자가 교육을 담당해야 한다. 미국의 교회를 탐방했을 때 교육사역자를 교육디렉터라는 이름으로 부르고 있었다. 교육을 디렉팅하기에 설교를 본인이 다 하지 않고, 심지어 1년에 2~3회만 한다는 말을 들었다. '교육디렉터' 개념으로 교회교육에 접근할 수 있다. 기독교 교육을 전공하지 않았다면 더욱 관심을 가지고 배워야 한다. 작게는 연령발달 관련 책을 읽는 것부터 시작할 수 있다. 그리고 교육사역자가 꼭 목회자일 필요는 없다. 은사와 열정을 가진 교육 간사, 교육사를 임명해서 교회교육을 할 수 있다.

교회교육 사역자가 지속할 수 있어야 한다

교회에서 교육 강연을 하다 보면 공통된 고민을 듣게 된다. 교육사역자의 이동이 잦다는 것이다. 이 때문에 교육에서 장기적인 전략이 부재하다. 교육부서는 새로운 사역자의 실험실이 되고 만다. 부모의 입장에서 생각해보자. 교회에서 내 자녀의 신앙이 성숙할 수 있을까? 만약 내 자녀의 학교에서 교장이 1년, 2년에 한 번씩 바뀐다고 생각해 보자. 그것이 정상적인가? 잦은 교육사역자의 이동은 기독교 교육의 근본을 훼손하기까지 한다. 기독교 교육의 핵심적인 특성은 '관계'이다. 관계 맺기가 되지 않은 상태에서 교육은 일어나지 않는다. 더구나 하나님 나라 교육의 진수인 성품과 가치관 전수는 기대하기 어렵다.

역으로도 생각해 보자, 교육사역자가 자주 이동하는 이유가 무엇인가? 오히려 교회가 2~3년 주기로 교체하는 것으로 생각하고 있지 않은가? 교육사역자의 안정적인 사역을 보장하고 있는가? 진정으로 다음 세대교육에 관심이 있다고 한다면 교육사역자의 지속성을 해결하는 방안을 적극적으로 찾아야 한다. 우선 목회자이든 교육 간사든 교육사역자로 세울 때 지속할 수 있는 구조를 만들어야 한다. 적합한 자리, 권한, 시스템, 그리고 합당한 대우를 해주어야 한다. 전문성은 한 분야에서 지속성을 가질 때 나올 수 있다. 교회의 교육을 성숙시키려면 지속성을 갖추어야 한다.

여기에 더해 한 가지 더 바라는 것이 있다면 교회교육을 하는 목회후보생들은 반드시 다음 세대교육에 대해서 필수적으로 교육받을 기회가 있어야 한다. 그렇게 되었을 때 이동하는 사역의 자리가 아니라 필수적인 자리라는 것을 인식할 수 있을 것이다. 또 교회의 목회 활동 중 많은 부분이 교육이기에 실천 목회를 준비해야 한다.

유기적-입체적으로 교육한다

교회교육에서 수련회나 성경학교를 끝내고 난 후 교사모임에서 이런 말이 오간다.
"아이들이 집회 시간에 은혜를 많이 받았어요. 우는 아이들도 많았어요."
"아이들이 뜨겁게 기도하는 모습을 보고 저도 감동했어요."
그런데 교육 활동 후 모임에서 해야 하는 것은 주제와 목표가 이루어졌는지를 보는 것이다. 예를 들어 주제가 '예수님처럼 세상을 섬기자'였다면…

예수님처럼 세상을 섬기는 것이 무엇인지를 알게 되었는가?
예수님처럼 세상을 섬기는 모습이 학생들에게서 얼마나 나타났는가?
예수님처럼 세상을 섬길 실천의 결심과 계획이 얼마나 구체적으로 세워졌는가?

이런 것들을 살펴야 한다. 곧 인지적인 면, 정서적인 면, 관계적인 면, 실천적인 면까지 배움과 성장이 일어났는가를 평가해야 한다는 것이다.

이런 일이 발생하는 이유 중 하나는 기독교 교육이 성경을 가르치거나 예배하는 것으로만 오해하기 때문이다. 한 인격체가 성장하려면 모든 것을 가르쳐야 한다. 예수님을 만나면 모든 것이 해결된다고 말하는 것도 맞는 말이지만 그렇다고 한 인간의 성장을 위한 모든 요소가 불필요하다는 의미는 아니다. 유기적-입체적으로 바라보아야 하나님 나라 교육을 제대로 이해한 것이다.

유기적-입체적 교육 관점은 두 가지 장점이 있다. 하나는 한 인간을 전체적인 성장 관점으로 교육 할 수 있다. 한 사람의 성장을 영아부터 성인까지 연계된 과정으로 본다. 그리고 입체적 존재로서 인간을 구성하는 모든 요소가 유기적으로 연결되어 성장한다는 점을 이해한다. 다른 하나는 영역(가정, 교회, 학교, 지역사회, 미디어 등)을 통합적으로 아우르는 교육을 할 수 있다. 이렇게 유기적-입체적 교회교육 하는 것을 청소년 사역자 챕 클라이 소개하고 있다. 그의 책『청소년 사역 어떻게 디자인할 것인가』에서 서치 인스티튜트가 개발한 청소년의 '40가지 발달 자산'을 적용하는 사역을 보여 준다.[33] 이와 같은 청소년 사역은 한 존재의 성장이 복합적인 요소들의 유기적이고 상호 간섭적인 영향 속에서 자라고 있음을 이해하고 접근하고 있다.

교회교육을 평가하는 체계를 갖춘다

교육 방향을 정하고, 교육철학을 정리하면, 교육목표를 만들 수 있다. 그리고 교육과정, 교육방법을 결정할 수 있다. 여기에 교사교육, 부모연수를 진행할 수 있을 것이다. 이러한 것들은 교육을 실행할 때 갖추어야 할 기본적인 사항이다. 그리고 마지막으로 갖추어야 할 것은 교육평가이다. 학생에 대한 평가만이 아니라 교육 전체를 평가하는 것이다. 주요교육 활동마다 평가하고, 교사를 평가하고, 교육과정을 평가한다.

교육을 잘하기 위해서는 반드시 평가가 있어야 한다. 보통은 교회에서 교육적 관점이 부족하다 보니 평가가 전무하다. 평가 없는 교육은 어떤 교육적 결과가 있는지 알 수 없을뿐더러 제대로 가고 있는지 가늠조차 할 수 없다. 평가는 교육 전반에 대해 알려주는 것이 많다. 따라서 한 교회의 교육을 안정화하고, 성장시키기 위해서는 반드시 평가해야 한다. 교육 방향을 세우고 전략에 따라 수행하고 있다면 최소 3년 이상을 평가하고 보완해 나가야 한다.

학교 교육과 사회 가치관에 관심을 갖는다

최윤식은 캘리포니아에서 실제 일어나고 있는 성교육을 이야기한다. 성 정체성이 100여 가지가 넘는 다양한 스펙트럼이 있다고 가르친다. 성교육도 동성과의 성관계는 물론이고 양성애나 항문성교 등도 어린이들에게 가르친다. 상당수의 학교에서 이런 교육을 받는지 부모는 모른다. 부모에게 알리지 않아도 된다는 법을 제정해 두었기 때문이다. 중학교 교과서에는 일부다처제도 가르친다. 교회나 가정에서 목회자나 부모가 아이들에게 종교적 내용을 들어 동성애 등을 죄라고 가르치는 것은 정신적 '학대'에 해당하여 처벌 대상이 된다.[34]

학교에서 아이들은 어떤 가치관을 배우고 있을까? 아이들이 가정 다음으로 많은 시간을 보내는 곳이 학교이다. 학교 자체가 주는 힘을 간과해서는 안 된다. 지금까지 학교 교육이 중립적이라는 말에 모두가 속아왔다.[35] 교육은 절대 중립적일 수 없다. 아이들이 배우는 교과서는 누군가의 관점이 담겨있다. 거기에다 교사 자체도 중립적일 수 없다. 따라서 학교에서 가르치는 내용이 자녀의 가치관에 어떤 영향을 주고 있는지 살펴야 한다. 학교 문화가 아이에게 어떤 가치를 경험시키는지도 알아야 한다. 학교에서 받아오는 아이의 점수에는 가치와 성품이 보이지 않는다. 그 점수에만 눈이 멀어서는 안 된다. 만약 학교교육의 영향을 간과한다면 일반사회 가치로 가득 찬 채 교회에 다니는 아이들을 만나게 될 것이다. 그리고 교회교육에서 해야 하는 가치 전쟁에서 결코 이길 수 없다.[36]

우리는 한국 사회를 움직이는 가치관이 무엇인지 파악해야 한다. 그 가치관이 그리스도인과 아이들에게 스며들고 있다. 그리스도인 지성들은 '물질주의'가 현대를 지배하고 있다고 말한다. 물질주의가 어떻게 그리스도인과 아이들에게 스며들고 있는지를 알아야 대처할 수 있다.37) 일반사회 가치관은 미디어를 통해 확장되고, 아이들을 끊임없이 공략한다.38) 심리학자들은 아이들이 평생 광고에 얼마나 많이 노출되는지를 파악했다. 미국 아이들(2~17세)은 평균적으로 매일 2.8시간 동안 텔레비전을 시청하고, 성인은 하루 네 시간 이상 시청한다. 이는 매년 30,769개의 광고를 보고, 65년 동안 평균 약 200만 개의 광고를 본다는 의미이다.39) 광고는 최전선에서 물질주의를 선전하고 있다.

자녀교육의 목적을 바로 세운다

이것은 마지막으로 가장 중요한 제안이다. 성경적 자녀교육의 목적은 '하나님을 사랑하는 자녀 혹은 하나님을 경외하는 자녀'가 되게 하는 것이다. 속지 말자 '행복이 돈에 있다'라는 사회에서 하는 말에, 속지 말자 '리더가 되어야 사회를 변화시킬 수 있다'라는 말에, 속지 말자 '글로벌 인재가 되어야 한다'라는 말에, 속지 말자 '더 높은 곳에 올라가야 더 많은 영향을 끼칠 수 있다'라는 말에. 성경은 우리에게 그런 교육을 통해 아이들을 길러내라고 말한 적이 없다. 그리고 그런 방법으로 사회를 변화시키라고 말한 적도 없다. 그리스도인은 회칠한 무덤처럼 성공주의를 교묘하게 포장하지 않아야 한다.

4장

•

새로운 관점으로 교육전략을 세우자

이제 방향을 잡았으니 전략을 세우는 것이 필요하다. 이 과정에서도 또 놓치지 않아야 할 것이 있다. '자녀에게 신앙 전수가 되고 있는가?'라는 질문이다. 그렇지 않으면 다시 돌아가게 된다. '교회교육을 어떻게 잘하지?'로 말이다.

또 한 가지 더 고려해야 한다. 교육에서도 하나님의 정의가 이루어져야 한다는 점이다. 교육에서 정의를 이루는 것이 곧 그리스도인 부모들이 해야 할 일이다. 교육의 정의란 자녀들을 성경대로 기르는 것이다. 하나님 말씀에 순종함으로 정의가 이루어진다. 교육의 정의란 교육방법에서 아이들을 학대하거나 억누르지 않아야 한다. 교육의 정의란 가난한 아이들을 짓밟고 성공하도록 하는 구조를 거부해야 한다.[40] 교육의 정의란 한 아이의 독특성이 길러지도록 하나님 형상 존중을 실현해야 한다. 교육의 정의란 하나님께 주신 은사를 찾고 성장시켜 섬길 수 있는 준비를 시키는 것이다.

첫째, 목회 방향을 명확히 한다

한 공동체에서 다음 세대의 성장은 공동체 생존과 직결된다. 이것은 실존적인 측면이다. 다음세대교육은 목회에서 부차적인 것이 아니라 핵심적인 것이다. 영적인 측면에서 볼 때 하나님께서 자녀 양육을 부모, 곧 어른세대에게 명령하셨다. 이 명령은 강력한 순종을 요구한다. 그리고 한 교회의 담임목사는 이 명령에 실천적인 응답을 해야 한다. 론 헌터는 가정을 중심으로 한 다음세대교육을 주장해 왔다. 그는 강연에 참석한 사역자들로부터 가장 자주 들었던 말을 소개한다.

"가정을 강조하는 이 사역에 우리 (담임)목사님이 함께하도록 어떻게 설득할 수 있을까요?"[41]

목회적 방향 선택에서 사역의 구조에 대한 도움은 티모시 폴 존스에게서 안내받을 수 있다.[42] 존스는 가정 사역을 4가지로 구분하여 설명해준다. 1) 프로그램 중심 사역 모델: 계획된 프로그램 안에서 가정의 필요를 채우는 것이 사역의 초점, 2) 가정 기초사역 모델: 각각의 사역은 모든 세대들을 하나로 이끌고, 부모가 자녀들의 신앙훈련에 동참하는 프로그램과 사역을 추구, 3) 가정 구비사역 모델: 자녀 신앙 훈련의 주된 책임자로서 부모의 역할을 지지하고, 그 역할에 책임을 지도록 전반적인 사역을 재조정, 4) 가정 통합사역 모델: 연령별 프로그램과 행사를 없애고 자녀들을 제자화하고 복음화시키는 부모의 책임에 강한 초점을 둔다.

둘째, 핵심적인 사람을 세운다[43]

혜성교회는 교육부에서만 오랫동안 함께하는 사역자가 있기에 혜성교회만의 교육을 만들어올 수 있었다. 그런 노력의 결과로 2015년부터 총신대학교 기독교교육학에서 추천한 학생과 혜성교회 청년부에서 신청한 학생을 교육훈련장학생으로 선발하여 10개월 동안 훈련하는 컨텐츠와 역량을 갖추었다. 2009년 설립한 이야기학교 또한 10년 동안 교육을 이루어 온 일등 공신은 선생님이다. 교사들이 이야기학교 철학을 익히고 교육에 녹여왔기에 이야기학교 교육이 만들어졌다. 그 결과물이 다양한 교육과정 책자로 만들어져 다른 학교들을 돕고 있다.

이처럼 교육을 책임지고 이끌어갈 사람이 필요하다. 교육기관에서 교육을 책임질 사람이 없다면 좋은 교육이 이루어질 수 없다. 교회의 교육 방향을 이끌어갈 헌신된 사람을 세워야 한다. 그리고 그 사람이 일할 수 있는 환경을 제공한다. 적합한 권한을 부여하고, 적합한 대우를 하고, 적합한 존중을 하는 것이다. 이것이 다음 세대 사역의 열쇠이다. 그런데 많은 경우 적절한 사람을 세우고 싶어도 찾지 못한다. 가장 큰 원인은 교회가 사람을 길러내지 못했기 때문이다. 다른 문제점은 적절하지 않은 사람을 세우는 것이다. 지도자가 교육의 맛과 색을 결정한다. 지도자가 교육을 세우거나 아니면 망하게 할 수 있다.

셋째, 전략팀을 만들고, 성장을 지원한다

교육계획을 세우고 실행해나갈 팀을 구성한다.[44] 팀원은 어느 정도 변경되어도 된다. 그러나 핵심 멤버 2~3명은 유지되어야 한다. 팀을 구성했다고 해서 처음부터 일을 완벽하게 해내리라는 기대는 내려놓는다. 팀의 성장만큼 교육이 성취될 수 있다. 따라서 팀원과 팀 자체가 성장할 수 있도록 지원하는 것이 우선되어야 한다. 혜성교회는 주일에도 다른 교회 탐방을 지원한다. 미국교회 탐방연수에 교육부 목회자들이 동행했다. 이야기학교는 교사들을 북유럽과 북미 연수에 매년 다녀올 수 있도록 지원한다. 사람(아이)을 성장시키려면 사람(교사&부모)을 성장시키는 것이 원리이듯 다음세대교육 사역을 성장시키기 위해서 교육 리더들을 성장시켜야 한다.

이어 조직을 정비한다. 기존의 틀을 파괴하지 않고도 창의적이고 유연하게 조직을 재정비할 수 있다. 론 헌터는 교육부서를 갖추고 있는 교회에서부터 혼자 목회하

혜성 교육팀 월 1회 교육전략 및 역량강화 연수

고 있거나 사역자가 한 명인 경우의 조직도까지 제안하고 있다.[45] 그가 제안한 조직을 참고한다면 작은 교회에 특별히 유용할 뿐만 아니라 모든 교회에 적용 가능하리라 생각한다.

넷째, 전략팀은 연구하고 배운다

이야기학교를 시작할 때에 앞서 걷고 있는 학교들을 방문했다. 방문할 때마다 볼수록 부럽고 '어떻게 저곳까지 갈 수 있을까?' 하는 생각이 들었다. 한 학교는 거의 10년을 드나들며 묻고 배우고 있다. 2014년 북유럽에 갔을 때는 더 막막했다. 누적된 기독교 역사와 합의된 사회구조를 보고 어떻게 적용할 것인지 깜깜했다. 하지만 보는 것이 생각을 가져다주고, 생각이 행동하게 해준다. 그리고 행동은 열매를 맺게 한다.

교육에 지름길은 없지만, 실수를 덜기 위해 가장 좋은 방법은 적절한 안내자를 찾는 것이다. 이것은 장기적인 비용과 비싼 대가를 줄여주기도 한다. 개인적인 경험으로 볼 때 기독교대안교육 현장이 참 기독교 교육을 잘 알고 있다. 그들을 만나 귀를 기울여라. 이때 그리스도인들이 하는 실수는 '공짜의식'이다. 정당한 대우를 하라는 의미도 있지만 귀한 것을 귀하게 대하는 태도를 갖추라는 의미이다.

기독교 교육을 배우고, 책을 읽고, 다양한 연수에 참여하고, 전문가를 초빙하여 듣는다. 특히 기독교 교육 현장 탐방을 적극 권하고 싶다. 이를 위해서 열린 자세가 필요하다. 여기에 더해 일반교육의 흐름도 포함해서 연구한다. 유치원부터 대학까지 전 과정을 보면 좋은 답을 얻을 수 있다. 이때 중요한 것은 연구한 모든 것은 자료로 남기고, 적용점이 담긴 보고서를 작성한다. 자료 축적이 교육의 질을 결정한다.

챕 클락, 캐러 포웰이 제시한 방법을 소개한다. 먼저 전략팀이 연구하고 방향을 찾기 위한 제한적이지만 공개 모임을 할 수 있다. 1) 포커스 그룹의 목표와 범위를 정하라. 2) 누구를 초대할지 결정하라. 3) 한두 명의 간사를 찾으라. 4) 질문들을 개발하라. 5) 사전에 누군가로 하여금 당신의 질문을 검토하게 하라. 6) 적당한 환경과 분위기를 선택하라. 7) 모임을 잘 시작하라. 8) 듣고, 듣고, 또 들으라, 찾고, 찾고 또 찾으라. 9) What?(어떤 상황인가?), So what?(그것은 무엇을 말해주는가?), Now what?(지금 무엇을 해야 하는가?) 질문을 사용하여 진행하라. 10) 결과를 나누라.[46]

다음으로 전략팀 내에서 사역을 진단하고 해결전략을 찾는 딥 디자인(Deep Design)을 사용할 수 있을 것이다. 1단계(분별): NOW? - 당신의 사역에 나타난 하나님의 변화시키는 역사를 분별하는 기회다. 2단계(성찰): NEW? - 당신의 사역에 어면 일이 일어나고 있는지를 살피는 동안 성경, 과거의 사상가들, 현재의 연구, 경험들로부터 오는 참신한 깨달음을 떠올리게 한다. 3단계(관찰): WHO? - 이 새로운 깨달음을 자신의 환경에 융합하는 사람들을 관찰하고, 그들이 환경을 당신이 처한 상황과 비교해보게 한다. 4단계(적용) - 2, 3단계에서 발견한 것들을 적용함으로써 순환고리를 완성하게 한다.[47]

다섯째, 교회 전체에 공유한다

교회 전체에 공유하는 것은 시간이 오래 걸리지만 빠른 길이다. 의식의 공유는 한번에 되지 않는다. 처음부터 환영하지도 않는다. 하지만 반복하고 지속한다. 초기에는 교회 리더 그룹도 꼭 참석한다. 먼저 전체 공유 방법으로 전문강사의 설교 혹은 연수가 도움이 된다. 그리고 전략팀에서 교육 방향을 그려낸 것을 설명하고, 실행해 가면서 교인들에게 알린다. 점차 전략팀에서 노하우가 쌓이면서 자체콘텐츠가 발생하면 내부에서 강사를 세울 수 있다. 때로 리더십, 교사, 부모 각각의 연수가 필요하다. 그리고 교사연수와 부모연수는 해마다 고정적인 시간을 정하여 진행한다. 연수하여 개념을 이해하고 실행하다 보면 경험적 지식이 늘어난다. 또 풀어가야 할 새로운 과제를 만나게 된다. 그때 또 다른 배움이 필요하다. 연수와 실행은 선순환을 이루어갈 수 있다.

이야기학교에서 10년 동안 빠지지 않고 해온 일이 있다. 매주 자체교사연수를 하는 것이다. 그리고 신입 교사는 모델링 하는 학교를 방문한다. 도중에 쉬고 싶은 유혹을 이겨내는 것도 숙제이다. 배움을 멈추면 교육의 성장도 멈추게 된다.

여기에서 주의할 점은 이론을 전달하는 강의는 최소화한다. 현장 사역자의 이야기를 주로 듣는 것이 도움이 된다. 진행하면서 이론이 필요할 때가 생긴다. 그때 이론을 들으면 교육의 깊이가 깊어진다.

여섯째, 실행 방향을 결정한다
✔ 성경적 가정 만들기[49]

성경적 가정 만들기가 1순위 사역이다. 다시 기억하자. 가정이 가장 중요한 교육 주체이다. 그리고 가정이 아이들에게 가장 많은 영향을 미친다. 가장 중요한 만큼 해야 할 일도 많다.

성경적 가정 만들기는 결혼을 준비시키는 것부터 필요하다. 청소년기부터 결혼 준비를 해야 한다. 결혼을 앞둔 시기에도 교육한다. 결혼 후의 부부, 자녀 양육에 대한 교육과정도 있어야 한다. 그리고 노년의 삶에 대해까지 다룰 수 있으면 최고이다. 한마디로 결혼 전체를 배울 수 있어야 한다.

강조할 것이 하나 있다. 성경적 가정 만들기를 위해서는 교회 리더십들이 성경적 가정을 삶으로 직접 보여주어야 한다. 성경 말씀처럼 교인과 자녀들은 '본(모범)'대로 행한다.[50] 부모가 가정에서 신앙을 가르칠 수 있을때까지 훈련한다. 신앙교육은 학교교육처럼 부모가 위탁해서 시킬 수 없다. 부모가 직접 신앙 전수를 하는 것은 한국교회가 매우 취약한 지점이다. 교육을 장기적으로 볼 때 이것이 다음 세대 하나님 나라 교육의 가장 확실한 방향이다.[51]

✔ 교육적 관점으로 교회교육하기

교육적 관점으로 하는 교육은 아이들이 하나님 나라를 경험하도록 교육문화를 만들어가는 것이다. 교육문화란 교사와 부모와 학생이 진정한 관계를 맺는 것이다. 누구나 '한 사람'으로 만날 수 있는 공간을 만들어 준다. 그 안에서 한 인격체가 전인적으로 성장하는 교육과정을 할 수 있다. 그리고 전 세대 통합교육과 연령별 필요를 채우는 교육의 균형을 맞춘다. 교회는 전 세대가 함께 신앙 경험을 쌓는 다양한 방법을 찾는다. 교육부서는 연령별 키워드를 찾아 적합한 교육을 실행한다. 전 세대

통합교육의 예를 성경에서 찾을 수 있다. 출애굽 당시 유월절을 준비하는 장면에서 하나님께서 자녀교육방법을 알려 주신다.

"이후에 너희의 자녀가 묻기를 이 예식이 무슨 뜻이냐 하거든 너희는 이르기를 이는 여호와의 유월절 제사라 여호와께서 애굽 사람에게 재앙을 내리실 때에 애굽에 있는 이스라엘 자손의 집을 넘으사 우리의 집을 구원하셨느니라 하라(출 12:26~27)"

하나님께서 설명하신 교육방법은 유월절을 해마다 기념하라는 것이고, 기념할 때에 자녀에게 이야기하라는 것이다. 하나님께서 어떤 분이신지, 하나님께서 어떤 일을 하셨는지를 전달한다. 모든 가족과 모든 민족이 유월절을 함께 체험하며 이야기를 듣는 것으로 유대인의 정체성을 확인한다. 그들이 어떻게 살아가야 하는지도 깨닫게 된다. 이렇듯 성경에서 보여주는 교육은 일상 혹은 특별한 신앙 경험 속에서 전 세대가 어우러진 가운데 아이들에게 하나님의 이야기가 전달되는 것이다.

✓ 주중교육활동 & 교육기관 만들기

교회는 부모들이 모인 어른들의 모임이라고 볼 수 있다. 그렇기에 교회는 부모의 협력자로서 있어야 한다. 더 정확히는 그리스도인 부모들이 가정에서 할 수 없는 영역들을 제공해 주는 것이다. 우선 부모들이 연대하여 성경적 자녀 양육을 할 수 있도록 돕는다. 부모들은 매일 세속교육을 접하고 있다. 그리스도인 부모들은 교육에 있어서 소수자이다. 연대를 통해 격려를 받고, 부모들이 성경적 자녀 양육이 무엇인지 알 수 있도록 돕는다. 그리고 성경적 자녀 양육 방법을 배울 수 있도록 기회를 제공한다.

아이들에게는 주중에 성경을 더 깊이 배울 수 있고, 회중 예배와 공동체 경험의 공간을 만들어 준다. 더 나아가 할 수 있다면 주중에 기독교교육을 하는 기관을 제공하면 최상일 것이다. 하지만 이는 비용과 자원이 많이 들어간다. 요즘 들어 일부에서 주장하는 1교회 1학교 운동은 실현하기 어렵다. 대안으로 유럽처럼 지역교회들이 연합하여 힘을 모으는 것을 시도해볼 만하다.[52] 아니면 이미 지역에 있는 기독교대안학교들과 교회들이 손을 잡는 것이다. 다음세대교육을 위해 교회들은 기독교대안학교를 활용할 필요가 있다.

일곱째, 부모가 자발적 모임을 하도록 지원한다

지금까지 교회가 신앙교육을 주도해왔다. 그러다 보니 교회는 교역자, 교사의 인력 부족을 호소한다. 교육공간도 부족하다는 말을 한다. 재정도 한계가 있다. 그러니 모든 필요를 채워줄 프로그램을 실행할 수가 없다. 이를 개선하기 위해 앞으로는 부모들이 모임을 주도하고, 교회는 지원하는 형태로 가는 것이 바람직하다. 교회는 인적-물적-공간적 문제를 해결할 수 있고, 부모는 교육의 주체성을 가질 수 있다. 이를테면 교회가 플랫폼 역할을 하며 때로는 부모의 자녀 양육 프로그램을 연결해 줄 수도 있고, 부모들의 자발적 모임이 자랄 수 있도록 도울 수 있다. 예를 들어 부모가 자녀양육을 위한 독서모임, 기독교가정문화를 만들기 위한 가족캠프를 할 수 있다. 부모가 모임을 주도하는 가운데, 교회는 독서모임 공간을 지원하거나 회원모집을 공지해 줄 수 있다. 가족캠프를 위해 교회가 일정 비용을 보조하거나 교회시설이 있다면 개방할 수 있다.

교회가 플랫폼 역할을 하게 되면 부모가 자녀 양육을 하는 주체 의식이 살아나고, 자발적인 활동이 확장될 수 있다. 오늘날 젊은 세대 부모들에게서 볼 수 있는 참여적인 특성과도 매우 잘 들어맞을 수 있다. 교회가 모든 것을 관리하고 통제하려는 습성을 벗어나면 새로운 일들이 만들어질 수 있다. 목회자들이 수평적 리더십으로 바뀔수록 더 빠르게 변화할 수 있다.

5장

새로운 관점으로 실행하라

먼저 교단의 교육부는 지금까지 대형교회의 모델, 일반학교식의 교육형태를 전환할 필요가 있다. 작은 교회들을 위한 전 세대 통합 형식의 교육 모델을 개발해 나가는 것이 실질적으로 도움이 될 것이다. 기독교 전통 교육방식인 세대를 아우르는 교육으로 돌아가자는 것이다. 전통을 현대화된 모델을 만들어 낸다면 의미 있는 교육을 실현할 수 있을 것이다. 그리고 노회 차원에서 지역 상황에 맞는 교육지원팀을 만들어 지원하면 좋을 것이다. 기존 행사중심의 주일학교위원회가 아닌 다음 세대 교육 전략을 지원하는 현장전문가 중심으로 구성한 팀을 의미한다. 지역 단위의 연합체인 노회가 다음 세대 사역을 이끌어 갈 때 가장 효율적일 수 있을 것이다.

그런 교육 전환을 기다리면서 당장 실천해 볼 방안들을 제안해 보고자 한다. 아래에 제안한 내용 들을 전부 실행한 것은 아니다. 하지만 대부분은 경험에서 나온 것들이다. 모든 것을 할 수는 없다. 교회마다 적용 가능한 것들을 수행하면 된다. 교육의 방향성을 가지고 꾸준히 해나가면 교회마다 특성 있는 교육이 만들어질 것이다. 그리고 이 일들을 다 실행하려 하지 않는 것이 좋다. 가정중심의 교육을 만들어가기 위한 수단일 뿐이다. 더구나 그 방식이 제대로 작동된다면 교회에서 하는 교육 사역은 축소되는 방향으로 가게 되어 있다.

교육은 문화이다

앞으로 설명하는 구체적인 방법들은 기독교문화만들기라는 사실을 기억하기 바란다. 기독교교육자들은 '기독교교육 방법은 문화(culture)다.'라고 말한다. 앞으로 기술할 내용은 하나님 나라의 문화를 만들기 위해 방법들을 나열한 것이다. 제시한 방법들을 무조건 따르는 것이아니라 교회마다 역사와 정체성이 다르기에 자원과 형편에 맞춰 실행하면 된다.

✓ **문화는 가치가 표현된 것이다.**[53]

C. S. 루이스는 가치가 객관적으로 외부에 존재하는 것이라 말한다. 이런 관점으로 볼 때 문화는 가치가 사회에 형성된 것이다. 또 성품은 한 인간에게 가치가 내재화된 것이다. 때문에 기독교 문화는 하나님 나라의 가치를 인격화시킨 어른들이 모인 공동체에서 만들어낼 수 있다.[54]

✓ **공동체의 성경적 원리를 적용하면 문화가 형성된다.**
① 관계 : 공동체의 원리 중 하나는 관계이다.
② 정의 : 공동체 자체도 정의로워야 하고, 사회정의에 참여하는 것이 기독교 문화이다.

③ **회복** : 샬롬이 깨어진 상태를 다시 회복하기 위해 애쓸 때 기독교 문화가 나타난다.

✔ **구조가 문화를 만든다.**
① 존중의 문화를 만든다.
② 수평적 의사소통과 의사결정을 만든다.
③ 합의된 약속을 지키고 책임을 진다.

이야기학교는 2009년 개교할 때부터 지금까지 회복적정의 가치로 문화를 만들어 왔다. 이 과정을 통해 교사와 부모, 학생은 일반사회와 다른 문화를 경험한다. 문화는 새로 들어온 구성원들의 성품과 가치를 변화시킨다.

이야기학교의 문화 만들기는 하워드 마샬의 '회복적 정의' 관점이 도움이 되었다. 회복적 정의는 기독교 문화를 만들어가는 좋은 구조를 제공한다.[55] 회복적 정의는 누군가 잘못을 저질렀다면 그에 상응하는 처벌을 받아야 한다는 응보적 정의와 대비되어 나온 정의 개념이다. 먼저 피해당한 사람이 소외되지 않고 피해자의 완전한 회복을 위해 공동체가 노력해야 한다는 점을 중요하게 여긴다. 잘못을 저지른 사람 또한 처벌에 머물지 않고 그 사람이 사회 안에 다시 들어올 수 있도록 회복시켜야 한다는 점도 다룬다. 바로 이러한 문화가 교회와 교회학교의 문화에도 적용될 수 있다. 기독교만이 가진 독특한 하나님 나라 문화가 사회에서 부러워하는 교육을 완성시킨다.

교육 주체가 의식을 공유한다

초기에 전체 연수를 위주로 진행하고 점차 교사와 부모연수 등 주요 대상을 중심으로 진행한다. 중요한 것은 반복해야 한다. 여러 관점으로 반복적인 이야기를 들으면 이해가 깊어진다. 다시 강조하지만, 이론가보다 현장가의 강의를 먼저 듣는 것이 좋다. 물론 현장가라고 해서 이론을 무시하지 않는다.

✓ 연수를 통한 의식공유

　모든 연수에서 처음에는 의식을 일깨우고 공유하는 작업을 한다. 다음은 실제적인 원리와 기술을 훈련한다. 그러나 중간중간 의식을 점검하는 교육을 반복해야 한다. 나침반처럼 방향 점검을 하도록 돕기 때문이다. 연수방법에서 강의식도 필요하다. 그런데 한국 교육문화는 일방통행식 강의하는 것에 머물기에 그 이상 진전이 없다. 그에 더해 참여적인 워크샵 형태가 강화되어야 한다. 반드시 연수 후 적용점을 찾아 실행계획을 세우고, 실천 후에 점검까지 하는 방식을 도입해야 한다.

① **예배시간을 통한 전체 연수** : 한국교회에서는 예배시간이 전체 연수에 적합하다.
② **교사연수** : 커리큘럼을 짜서 하는 교육보다 교육방향에 맞춰 필요에 따른 연수를 한다. 보통은 강의 듣기로 연수를 마무리한다. 그러면 효과가 거의 없다. 반드시 연수 후 피드백을 하고, 적용점을 찾아 계획에 반영한다.
③ **부모 세미나** : 초기에 의식을 깨우는 작업을 한다. 점차 부모들이 가정에서 실행할 수 있는 실제적인 연수를 제공한다. 부부와 부모의 필요를 파악하면 만족도가 높을 것이다.
④ **중직자&목자 훈련** : 교회의 중직자 훈련과정에 '하나님 나라 교육'을 포함시킨다. 구역장(목자) 훈련에서 가정, 자녀양육에 대한 내용을 주기적으로 교육한다.
⑤ **연수내용** : '기독교 교육이 무엇인가?', '자녀양육에서의 부모역할', '성경적 결혼과 가정' 기독교대안교육, 특히 북유럽 그리스도인들의 자녀교육에 대해 듣는다. 기독교 역사가 깊은 국가의 기독교육자를 만나는 것 자체가 좋은 연수다. 초기에는 원리적인 강의를 듣고, 점차 방법적인 연수를 진행한다.
⑥ **연수방법** : 강의를 듣기도 하지만, 직접 탐방하는 것은 더 효과적이다. 또한 부모들에게 유럽 기독교자유학교 탐방은 최상의 연수가 될 것이다. 그리고 강의식 연수

에서 상호 배움이 일어나는 참여식 전환도 필요하다.[56]

✓ 가치관 훈련

하나님 나라 교육을 한 편으로 '가치관(세계관) 교육'이라고 한다. 성경적 가치관을 가지고 실천하는 삶을 아이들이 경험해야 한다. 그런데 기독교 학교의 교사, 교회의 사역자, 가정의 부모는 가치관 훈련에 적극적으로 나서지 않는다. 교육의 주체들은 모든 영역(정치, 경제, 문화, 사회, 교육, 관계)에 대해 성경적 관점으로 분별할 수 있도록 훈련해야 한다.

① **신앙독서 및 일반 독서 활동** : 기독교 세계관 도서와 기독교 가치가 담긴 분야별 저서를 읽고 토론한다.[57]
② **기독교가치가 담긴 활동** : 부모와 아이들이 기독교 가치가 담긴 기독교 단체 활동에 참여한다. 참여할 때에 오감각을 통한 배움이 일어난다.
③ **지역사회의 다양한 기관과 네트워크** : 지역 기관들의 활동 중 기독교 가치관에 부합하는 사역에 참여한다. 하나님 나라 교육은 사회참여적이다.

교회 구성원의 성경적 가정 만들기

한국 사회는 결혼과 가정에 있어서 유교의 틀이 강하다. 유교적 개념을 '전통'이라고 철썩 같이 믿고 있다. 그리스도인들도 큰 차이가 없다. 일반 성도는 물론 목회자와 중직자 사이에도 편만하다. 그래서 그리스도인은 성경적 결혼과 가정, 그리고 자녀 양육에 대해 배워야 한다.

✓ 목양적 접근

보통 가 정사역은 전문가가 필요하다고 생각한다. 하지만 전문사역자가 교회구성원이 가진 가정 관련한 사항을 다 해결할 수 없다. 작은 교회들은 전문가를 사역자

자녀양육을 위한 목장(소그룹)집단상담

로 둘 수도 없다. 교회 리더십이 먼저 그리스도인 가정을 이루며 겪은 경험을 나누는 것으로도 훌륭히 해낼 수 있다.

생각을 조금 달리해서 목양사역을 볼 수 있다. 목양사역에서 가정을 성경적으로 만들어갈 수 있을 정도로 안내할 수 있다. 교구사역자가 접촉하는 곳은 가정이다. 출산, 결혼, 부부, 자녀라는 주제를 만나게 된다. 교구 사역자가 가정에 대해 성경적으로 접근할 수 있다면 목양사역에 큰 힘이 될 수 있다.

① **교구목회자 훈련** : 교구목회자는 기본적으로 가정과 교육에 관한 이해를 준비한다.
② **교구&교육 협력** : 교구목회자와 교육사역자는 자녀양육에 대한 정보를 주고받는다. 교육사역자는 부모와 가정에 대한 이해를 토대로 학생을 돌볼 수 있다. 교구목회자는 교육부서의 가정 신앙양육을 지원할 수 있다. 사실 교구목회자의 역할 중 자녀신앙양육 지도가 포함되어야 한다.
③ **구역(목장) 모임 가정사역지원** : 구역(목장, 소그룹) 모임에서 가정을 다루는 기

아빠모임(월 1회)

회를 정례화 할 수 있다. 혜성교회에서는 2019년 부부 대화법과 자녀신앙양육을 주제로 목장의 신청을 받아 1, 2학기를 진행했다. 이처럼 가정사역을 모집사역이 아니라 교구사역과 결합시킬 수 있다.

✔ 배움의 기회

교회는 결혼과 가정에 대해 배울 수 있는 기회를 제공하거나 외부 프로그램을 안내할 수 있다. 모든 것을 다 할 수는 없다. 필요에 따라 선별적으로 접근하면 된다. 초기에는 외부에서 전문가의 강의와 프로그램 컨설트가 필요하다. 주목해야 할 점은 좋은 프로그램은 처음부터 잘 준비해서 맛을 내야 한다. 좋은 프로그램을 엉성하게 해서 다시 참여하지 못하게 되면 교회 구성원 모두에게 큰 손해이다. 그리고 내부에서 관심 있는 사람이 사역을 담당할 수 있도록 성장시켜가야 오래 지속할 수 있다. 외부에만 의존하면 서로의 상황이 달라졌을 때 함께 할 수 없게 된다.

① **데이트학교** : 결혼이라는 관점에서 이성 관계를 설명한다. 최소한 청소년기부터 결혼을 준비해야 한다. 부모와 교회에서 가르치지 않으면 미디어가 가르치게 된다.[58]
② **결혼예비학교** : 성경적 결혼과 가정을 이해하도록 한다. 결혼을 배우지 않고 잘 살 수 있다는 것은 자만이다. 결혼은 부모가 가르치는 것이다. 하지만 교회에서 성경적 결혼과 가정을 배우도록 돕는 과정이 필요하다.
③ **부부학교** : 성경적 원리로 부부관계를 맺는 것을 배운다. 결혼은 모두가 처음이다. 그러니 서툴고 모르는 것은 당연하다. 부끄럽다는 이유로 문제를 쌓아두는 것보다 드러내어 도움을 받는 것이 지혜로운 선택이다.
④ **엄마모임** : 마더와이즈 같은 프로그램을 통해 자녀양육을 돕는다.
⑤ **아빠모임** : 아빠들의 자녀양육과 결혼생활을 돕는다.
⑥ **부모양육훈련** : 부모가 자녀를 신앙양육 할 수 있도록 돕는다.
⑦ **가정사역기관 연계** : 가정과 관련한 기독교사역기관들이 있다. 교회와 협력하거나 개인적으로 참여할 수 있도록 연계할 수 있다.
⑧ **심리상담&정신과 진료** : 교회에서 다룰 수 없는 영역과 수준을 구분하는 것도 사역자의 역할이다. 치료의 영역은 안전을 위해서 외부 기관에 안내하는 것이 필요하다.

✔ **가정의 문화를 건강하게 경험하기**
① **가족캠프** : 가족들이 모여서 건강한 가정생활을 서로 경험하는 기회를 갖는다. 작은 교회는 교회에서 많은 부담을 하지 않는 방향으로 기획한다. 프로그램을 '좋은 가정과 함께하는 것이다'라는 목표를 갖는다면 가볍게 구성할 수 있다.
② **개인인생주기에 기독교 의식 만들기** : 돌잔치, 세례식, 성인식, 결혼식 등에 신앙적인 개인 역사가 만들어지도록 돕는다. 이 부분은 교회와 교육부사역자들이 연구해서 방법을 만들어갈 수 있다.

5월 어린이 주일 전 세대 예배

가정의 협력자로서의 교회교육을 한다

　교회교육에서 먼저 해야 할 일은 성경적 가치가 담긴 문화를 만들어가는 것이다. 교육의 문화는 담당사역자와 교사들이 만들어낸다. 여기에 더해 부모까지 협력할 때 기독교문화가 완성된다. 이러한 문화 속에서 성품과 가치가 만들어질 수 있다. 다음 단계는 교회에서 공동체적인 교육경험을 할 수 있도록 지원한다.

✓ **어른들과 공유하는 신앙생활**
① **전 세대 예배** : 작은 교회들은 온 가족이 함께 예배하는 형태로 진행되는 것이 바람직하다. 예배 경험을 공유하고, 공동의 신앙체험을 강화시킬 수 있다. 하지만 세

대 통합예배에서는 연령에 따른 고려가 필요하다.[60] 장년예배 외에 온 가족 예배를 하나 더 신설할 수도 있다.
② **온 가족 기도회** : 기독교학교를 하면서 교회의 금요기도회에 참여하는 수업을 하고 있다. 신앙 선배들이 해왔던 방식이다. 아이들이 어른과 같은 메시지를 듣고, 같이 기도하는 경험은 신앙의 유산을 습득할 수 있게 해준다. 고학년으로 갈수록 기도회 참여가 어떤 유익을 주었는지 경험을 이야기한다.
③ **신앙활동에 아이들이 함께 참여하기** : 아이들을 수혜자, 돌봄의 대상자로만 바라보는 것이 아니라 교회의 주요 활동에 어른과 함께하도록 한다. 전통적으로 부활절, 성탄절 행사는 전 세대가 함께해왔다. 이를 교육적 경험의 관점과 아이들이 참여적일 수 있는 관점으로 보완할 필요가 있다.

✓ **교육적 관점의 교회교육**
① **교육디렉터로서의 교육사역자 세우기** : 교육적 관점을 가진 목회자 혹은 교육 간사에게 교육부서를 맡긴다.
② **연령별로 적합한 교육과정 만들기** : 연령별 성장의 과제가 다르다. 먼저 연령에 적합한 메시지를 선별할 수 있다. 그리고 발달에 따른 교육활동을 할 수 있다. 혜성교회는 시중에서 발행하는 공과책을 모두 구매해서 주제를 분석했다. 결과는 영아

영유아기	영유아기 양육이 가장 중요하다. 특히 '신뢰'는 한 사람의 평생을 좌우한다.
유초등기	아이들이 다양한 경험을 하고, 복음을 발견하도록 하는 시기이다.
청소년기	자기 정체성('나는 누구지?')을 형성하고, 진로('나는 어떤 삶을 살지?')를 설계하는 시기이다.
청년기	미래의 삶을 고민하고, 가치관(정신적 성숙)을 깊게 형성하는 시기이다.[61]

부부터 고등부까지 공과 주제가 동일하다는 것이었다. 개인이 발간한 것이든 교단에서 발간한 것이든 대동소이했다. 교육과정을 직접 만드는 시도를 할 필요가 없다. 개인이 만들어낸다는 것은 교육적으로 한계가 있다. 학교 교과서를 만들어내기 위해서는 과목 전문가만 필요한 것이 아니다. 연령 수준의 표현을 다듬어야 하고, 디자인과 색감을 봐야하고, 발달 및 심리적인 것도 살펴야 한다. 성경 교재라면 성경학자와 조직신학자까지 함께 해야 한다. 그러니 교육철학과 교육목표가 정해졌으면 교육과정에 적합한 교재들을 사용하거나 교재들을 조합해서 활용할 수 있다.

③ **생활기록부 작성하기** : 아이들의 성품과 신앙, 가치관을 관찰하여 기록으로 남긴다. 아이들을 이해할 수 있고, 아이들의 성품과 신앙의 성숙도를 확인할 수 있다. 영아시기부터 청년기까지 자료가 누적된다면 성인이 되기까지의 인생 성장을 볼 수 있다. 여러 아이의 기록이 쌓이면 교육평가 자료로 활용할 수 있다.

④ **교사공동체 만들기** : 교사들은 하나님 나라의 가치를 실천한다. 교사들이 만들 수 있는 문화는 단순한 교제를 넘어서는 관계를 형성하는 것이다. 교사공동체의 상호관계를 아이들이 본다. 교사 문화를 아이들이 접촉하며 받아들인다. 교사가 교육과정이고, 교사가 교재라는 말은 진실이다.

> **학생평가** 앞서 말했듯이 학생평가는 관찰평가를 통한 생활기록부 작성이 도움이 된다. 필요하다면 면담을 통해 아이들의 신앙수준을 파악할 수도 있다.
>
> **교육평가** 교육활동은 계획서를 작성하고, 교육활동 후에 목표 성취에 대한 평가를 한다. 반드시 목표 도달에 중점을 둔 평가여야 한다. 또한 개선안을 마련하여 기록한다. 그리고 다음 교육 행사를 할 때 꼭 참고한다. 평가를 위한 평가로 해서는 소용이 없다.
>
> **부서평가** 반년, 1년에 1회씩 교사들이 모여 평가한다. 교사, 학생, 부모, 교육활동, 일정, 예배, 공과, 행정 등 전반적인 면을 평가한다. 이 평가에는 학생들, 부모들도 참여할 수 있는 시스템을 갖추는 것이 좋다.

교사부모 가족대회

⑤ **평가하기** : 평가는 또 하나의 교육활동이다. 그런데 교회교육은 평가가 부재하다. 하지만 평가를 반복하다보면 교육에 유익하고, 좋은 평가역량을 갖출 수 있다.

✓ 가정과 협력하는 교회교육
① **가정에 1년 교육계획 알리기** : 부모가 교회의 교육과정을 알 수 있도록 안내한다. 부모는 알 권리가 있고, 또 교회는 협력을 구할 수 있다. 혜성교회는 1월에 전체 교사들이 모이는 교사총회가 있었다. 이 기회를 가정과 함께하는 교회교육을 위해 교사-부모가족대회로 확대했다. 강사를 초빙하여 부모와 교사가 함께 강의를 듣고 기도한다. 또한 목회자-교사-부모가 만나서 부서별로 대화하는 자리를 갖는다.
② **부모와 대화하기** : 교사는 아이들을 심방 할 때 부모와 대화한다. 일반학교에서 교사들은 부모가 화를 낼 것을 우려하여 솔직히 말하지 못한다고 한다. 하지만 교

회에서의 모습을 부모와 스스럼없이, 하지만 존중하며 공유하는 것이 기독교 교육문화이다. 또한, 가정과 학교생활에 대해서 부모로부터 정보를 듣는다. 서로 신뢰를 가진 협력자로서 아이들을 섬길 수 있다.

③ **교육활동 공유하기** : SNS로 교육활동을 공유한다. 네이버 밴드를 활용해 본 경험으로는 교육 주체들 사이에 정보교환, 교육 공유, 격려와 지지를 받을 수 있었다.

④ **가정연계활동** : 주중에 가정에서 신앙생활을 할 수 있도록 제공한다. 월~토요일까지 매일 할 수 있는 간단한 수행을 줄 수 있다. 예를 들어 월요일에 '주일설교를 부모님에게 전달하기', 토요일에 '다음 주일 본문 미리 읽기' 등을 할 수 있다.

⑤ **패밀리타임 문화 만들기** : 네덜란드 가정에는 '패밀리 타임'이라는 문화가 있다. 아침, 점심(학교 점심일 경우 제외), 저녁 식사를 하고 설거지하기 전에 개인별로 성경을 읽는다. 아이들이 질문이 있을 때만 대답하는 간략한 형식이다. 신앙이 자연스러운 일상이 될 수 있도록 패밀리타임을 갖는다.

혜성교회에서 가정과 교회연계를 위한 다양한 활동을 진행해보았다. 교육연구팀 혹은 전략팀이 따로 구성되어 있지 않은 채 사역자들로만 지속하기 어려웠다. 패밀리타임을 보고 난 후 가정에서 성경을 읽는 문화 만들기로 방법을 바꾸었다. '바이블타임'을 활용하는 것이다.[62] 이것도 문화화하기 위해 1년에 2차례(5월 전세대 예배, 12월 수료예배) 축하 시간을 갖고 있다. 어떤 일을 이루고 성취하는 것을 격려하고 축하하는 것도 좋은 교육문화이다. 그러나 주의할 점은 행동주의에서 나온 상(벌)점 제도를 지나치게 사용하는 것은 내적 동기를 상실하게 만들 우려가 있다.

✓ **가정을 지원하는 교회교육**

혜성교회는 두 가지 면에서 주중에 부모의 신앙양육을 지원하고 있다. 하나는 주중에 신앙교육 프로그램을 진행하는 것이다. 다른 하나는 기독교대안학교를 설립하여 기독교 교육의 기회를 제공한다. 프로그램들은 하루아침에 만들어진 것이 아니

영아(만 2세미만) 부모교육

고 한 걸음씩 걸어온 과정이 있다.

① **어와나** : 7세부터 초 6학년까지 참여할 수 있는 성경 암송 프로그램이다.
② **아기학교** : 혜성교회는 아빠와 함께하는 아기학교라는 컨셉으로 진행한다. 토요일 오전만이라도 엄마가 육아를 벗어나고, 아빠와 자녀가 친밀감을 형성하도록 돕는 것이다.
③ **MIP기도모임** : 부모들이 자녀와 교육을 위해 매일 기도하고, 짝을 이루어 기도하는 모임이다.
④ **이야기학교** : 초등 1학년부터 12학년까지 재학할 수 있는 기독교대안학교이다. 기독교교육을 원하는 부모들에게 기회를 제공하기 위해 교회에서 설립하였다.

사회적기업창업 수업 - 열매나눔재단 방문

사회 가치에 대한 대응책을 찾는다
✓ 지역사회가 주는 영향 다루기

 지역사회 가치를 이해하기 위해서 연구가 필요하다. 하나는 어떻게 대응할 것인지 방법을 찾기 위해서이고, 다른 하나는 어떻게 사회참여 할 것인지 알기 위해서이다. 사회를 비판적으로만 볼 것이 아니라 어떻게 참여할 수 있을 것인지를 알려주는 기독교 책을 참고할 수 있다.

 지역사회라고 하면 거창하지만 사실 가정이 아이들에게는 거대한 사회이다. 부모의 가치관은 매우 강력하게 아이에게 영향을 준다. 부모가 일상에서 하는 말에서 아이들은 가치관을 습득한다. 부모가 물질주의, 개인주의, 성공주의 가치관을 분별할 수 있어야 한다. 교회도 마찬가지이다. 교회가 추구하는 것에 대한 정직한 성찰이 있어야 한다. 교회가 성경적 가치가 담긴 문화를 경험시킨다면 그것이 사회 가치에 대응할 힘이 된다.[63]

① 사회 읽기

   신문읽기 세속 가치가 어떻게 스며들고 작동하는지 살펴야 한다.
   신간읽기 사회적 흐름을 읽어내는 책을 스터디 한다.
   다큐보기 특정 주제를 다루는 다큐를 통해 사회 가치를 알 수 있다.

② 교육프로그램

   설교와 공과 반영
   성경학교, 제자훈련
   특강 : 학생, 부모&교사 대상

✓ **미디어가 주는 영향 다루기**

영상은 아이들에게 '물질주의' 가치관을 심어주는 첨병이다. 그리고 관계를 인격적으로 맺어갈 시간과 공간을 빼앗아 간다. 그럼에도 불구하고 주일 교회에 오는 아이들 손에는 어린 나이부터 핸드폰이 손에 들려져 있다. 어린아이에게 왜 핸드폰이 필요할까?

① **교회교육 반영** : 사회 가치에 대응하는 교육프로그램을 적용한다.
② **가정양육 반영** : 부모연수

   영유아에게 영상 안 보여주기
   가정에 텔레비전 없애기 혹은 텔레비전 프로그램 지도하기
   영화나 유튜브를 시청한 후 나누기
   핸드폰을 늦은 나이에 주고, 엄격하게 통제하기

✓ **학교가 주는 가치관 다루기**

   제자 : 당신들은 세계가 부러워하는 좋은 공교육이 있는데 왜 기독교자유(대안)

학교를 하나요?

네덜란드 기독자유학교 교장 : 우리는 자녀들이 하나님의 백성이 되도록 하기 위해서 기독교자유학교를 합니다. 첫째, 공교육에서는 '하나님'을 말하지 못하게 합니다. 둘째, 유럽은 세속주의(진화론, 개인주의 동성애 등) 가치관이 급속히 확산되고 있습니다.

이야기학교는 저자와 교사들이 순서를 정하여 2014년부터 2019년까지 샬롬대안교육지원센터에서 주최하는 교사연수 프로그램을 해마다 참가한다. 북유럽과 북미를 교차로 다녀온다. 한 가지 주목할 만한 사실이 있다. 북유럽 연수 중간 주일에 전통적인 큰 교회에 방문하여 예배한다. 2019년 덴마크에 다녀온 교사들은 큰 예배당에 노인만 10명이 참석한 예배에 함께 했다. 그런데 기독교자유학교들은 학생이 증가하고 있다. 한 학교는 비그리스도인 자녀가 70% 이상이다. 한국교회가 유럽을 따라간다고 한다면, 지금부터 기독교학교를 준비하는 것이 소망의 기회가 될 수 있다. 하지만 교회 성장을 위하거나 인재양성을 내걸고 명문사학을 만들려는 성장주의적 학교설립은 하지 않기를 바란다.

① 학교의 교육내용 살펴보기

학교의 교재 내용과 특강 등의 내용을 살펴본다. '진화론'은 과학 이론에만 국한되지 않는다. 인간을 보는 관점, 사회를 살아가는 관점, 영성에 대한 이해까지 모든 면에 영향을 준다.

② 성교육, 폭력교육 등 가치관과 도덕성이 담긴 교육에 대해서 대화나누기

학교의 교육이나 일반 자녀양육 도서는 아이들의 도덕성과 성품, 그리고 영성을 강조하지 않는다. 자기 자신의 내면을 따라 행동하라거나, 책임을 질 수 있을 때 성관계하라는 조언을 한다.[64]

③ 학교에서 경험하는 관계와 진로교육에 대해서 대화나누기

아이들 사이에 거주 형태에 따라 편 가르기를 한다는 이야기는 2000년대 초반 초등학교 상담실에 있을 때부터 들었다. 중학교 아이들의 거친 언행은 알려졌지만 무시되고 있다. 부모와 교사들이 '말'을 다루지 않는다면 아이들은 관계에서 무엇을 배우고 있는 것일까? 아이들이 점수에 맞춰 대학진학을 하는 모습은 수십 년 동안 변하지 않았다. 이런 교육환경에서 아이들이 하나님께서 만드신 자기 고유함(독특성)을 생각할 수나 있을까?

④ 인생의 진정한 의미가 무엇인지 성경적으로 설명하기

일반교육이 아이들에게 주는 삶의 목적에 대해 주의해야 한다. 아이들은 '경쟁'을 통해 '성공'하는 가치관을 주입받는다. 그것이 행복이라고 생각하게 된다.

⑤ 대한민국 교육의 변화를 위한 운동에 참여하기

교육의 변화를 위해서는 국가교육권보다 부모교육권이 앞선다는 성경적 원리를 주장해야 한다. 한국교육은 일제 강점기에 근대교육체계가 들어왔고, 광복 후에 미국교육의 영향을 받았다. 양국의 교육은 산업사회를 위해 만들어진 공장형 교육이다. 교육 영역의 변화에 참여한다면 교육의 본질이 무엇인지 찾는 것에서 시작할 수 있다.

전도는 교육과 구별한다

기독교교육과정과 전도를 구별하여 전략을 수립한다. 두 가지 이유에서이다. 1) 현실적으로 그리스도인 자녀를 하나님 백성 만드는 것에 집중해야 한다. 2) 전도는 문화적인 접근이 필요하기에 교육과 분리하여 접근할 때 자유롭고, 좋은 방향을 만들 수 있다.

✔ 먼저 사회적인 현상과 흐름을 진단한다.

2005년 교회교육을 위해 진단할 때에 학령인구 감소가 가정과 부모, 그리고 교회 구성원들에게 어떤 영향을 줄 것인지 파악했다. 부모가 교육에 많은 관심을 가지리라는 것에도 주목했다. 가정과 협력이 더 잘 일어날 수 있는 지점이었다. 만약 2020년 현재를 고민한다면, 코로나19로 인한 사회 변화에 민감해야 한다. 이전과 다른 생활 방식이 만들어질 것이기 때문이다. 개인적으로 사회적 거리 두기와 온라인 관계는 오히려 하나님 나라 교육의 '관계'적 특성을 더 요구할 것이라 본다. 그리고 가족이 많은 시간을 함께하기에 가족 관계와 자녀 양육의 중요성이 높아질 것이다. 이것을 어떻게 기회로 삼을 것인지 방법을 찾아갈 수 있다.

최윤식은 한국교회 미래 시나리오에서 암울한 전망을 내놓았다. 먼저 2045년이 되면 주일학교 학생이 전체 인구의 3% 미만이 되리라는 것이다. 이단의 숫자를 빼면 그 시기는 2035년에 미전도 종족에 해당하는 비율로 감소하게 될 것이라는 전망을 했다.[65] 그리고 앞서 이야기했듯이 10년 후 새로운 세대 - A 세대가 등장할 것이라고 말했다. 이들을 복음으로 사로잡지 못하면 한국교회는 유럽교회처럼 청소년 100명 중 1~2명만 교회에 다니는 미래가 현실이 될 수 있을 것이라는 주장을 한다.[66]

✓ 연령별 특성을 파악한다.

혜성교회에서 교육 전략을 마련할 때 출산율 감소에 따라 초등까지는 가족 단위로 움직일 것이라는 예측을 했다. 그러면 부모의 마음을 움직여야 아이들이 교회에 올 수 있다. 그리고 부모가 동반한 교회 출석은 저학년 부모에 대한 연수의 기회로 활용하기로 했다. 중고등 이상은 대한민국 교육열에 따라 움직인다. 지상 왕국의 입시가 하나님 나라 교육을 이기고 있다. 이 문제의 해결책은 그리스도인 부모가 하나님 나라 교육으로 회심하지 않는 한 해결되지 않을 것이다. 700만 그리스도인이 교육 개혁 운동에 참여한다면 한국교육이 바뀌지 않을까?

5장 새로운 관점으로 실행하라

✔ 전도는 문화적인 접근부터 직접적인 전도까지 다양한 전략을 사용할 수 있다.

① 기독교교육 관점에서 전도는 새로운 문화 경험이다.

교회를 처음 온 친구들과 부모들이 사회와 다른 좋은 문화를 만나게 하는 것이다.

② 문화적 접촉점 찾기

혜성교회 유년과 초등부서는 '놀러와 캠프'를 한다. 이야기학교에서 하는 여행캠프의 특성을 살려 부담 없이 일반 친구들이 참여할 수 있다. 수련회 식의 캠프가 아니라 즐겁게 어울리는 캠핑같은 형식이다. 하지만 이 안에 기독교 문화가 있다. 존중하고, 환대를 경험한 아이들에게 교회가 매력적으로 다가갈 수 있다.

③ 학원사업과 연계하기

중고등 아이들을 만날 수 있는 곳은 한정되어 있다. 학교와 학원에 가야 한다. 그러나 특성화고등학교의 좋은 공간이 있다. 대학진학보다 취업을 우선으로 생각하는 아이들이기에 일반고등학교 학생과는 다른 접근을 할 수 있다. 미션스쿨의 교목이나 종교교사, 그리고 교사신우회가 있는 학교들과 협력해 나갈 수 있을 것이다.

✔ 장년사역과 연계한다.

아이들이 먼저 교회에 나오고 부모가 나오는 환경은 줄어들었다. 혜성교회에서 교육부 전도전략에서 학력인구 감소와 출산율 감소에 따라 부모의 교회 선택 요소를 따져봤다. 1순위가 교회 분위기와 담임목사의 설교이고, 2순위가 자녀의 교회교육일 것이라고 분석했다.

① 장년의 전도를 통해 자녀가 동반 출석하는 것을 기대한다.
② 교육을 잘 하고 있는 교회에 부모가 출석할 확률이 높다.

이렇게 볼 때 교육을 잘하는 것은 장년 사역에도 기여한다. 부모는 신앙교육의 지원을 받고 싶어 하기 때문이다. 동시에 교회 전체의 전도전략에도 현대 부모의 자녀교육 욕구를 파악하고 반영해야 한다.

새로운 질문 새로운 전략을 실행하자

현 기독교교육에 대한 진단 질문을 바꿔보자는 것으로 1부를 시작했다. '자녀에게 신앙전수가 되고 있는가?'라는 질문이다. 현재대로 놔두면 아이들의 성품과 가치관은 세속적으로 채워진 채 교회에 몸만 남아 있게 되거나, 하나님의 공동체를 거부하는 삶을 선택할 것이다. 이에 대해서 답을 찾는 것이 하나님 나라교육이 가야 할 방향이다. 이전에는 이런 이야기가 들리지 않았을 것이다. 그러나 아이들이 줄어들고 있고, 기독교 인구까지 감소하는 상황에서 절박하게 귀를 기울여야 한다.

저자는 다음세대교육을 이야기할 때 자주 느끼는 것이 있다. 그런 상황을 이야기로 구성해 보면 다음과 같다.

교회 : 주일학교 교육이 심각합니다. 다음세대교육을 어떻게 해야 할까요?
저자 : 제가 생각하는 해결책이 있기는 합니다.
교회 : 그런가요? 제발 알려주세요.
저자 : 지금까지 한국교회는 교회교육의 위기를 말만했지 실제로는 준비하지 않았습니다. 그리고 지금 조금씩 가정을 교회교육에 참여시키고 있고 거기에 멈춰 있습니다. 부모는 협력자로 있고, 교회가 여전히 주도하고 있습니다. 교회가 뒤로 물러나고 부모가 자녀를 교육하도록 방향을 바꾸어야 합니다.
교회 : 그것은 너무 어려워요. 그리고 왜 그렇게 해야 하죠? 저희는 교회교육에서 무엇을 더해야 할지 알고 싶은 겁니다.
저자 : …

다음세대교육은 이미 침몰해가고 있다. 건질 수 있는 방법은 하나님의 은혜뿐이다. 그러나 손을 놓고 있을 수는 없다. 우리가 해야 할 일을 해야 한다. 다음세대교육을 전환하고 재조정할 경우 교회의 역할이 축소되면서, 남은 힘으로 새로운 사회환경, 세대 특성에 따른 전도전략을 세우고 실행할 수 있을 것이다. 다음세대교육에서 전도를 별도의 영역으로 본다면 가능할 수 있다.

첫째, 다음세대교육은 목회의 중심 사역으로 인식해야 한다. 그리고 그 방향은 가정이다. 그러기 위해 교회에서 해왔던 다음세대교육은 시급히 전환해야 한다. 따라서 교회에서 다음세대교육은 기독교교육관점을 가진 사역자가 해야 한다. 그리고 기독교 문화를 경험시키는 것이 교육방법이다. 따라서 학교 시스템처럼 세대 단절과 가르치기 중심의 교육을 탈피해야 한다. 기독교 전통적인 세대통합교육으로 전환해야 한다.

둘째, 다음세대교육은 가정이다. 교회교육의 1순위는 부모가 1차 자녀 양육의 책임자로 설 수 있도록 돕는 것이다. 교회는 부모의 협력자로서 2차 책임자로 자리매김해야 한다. 자녀에게 가장 많은 영향을 미치는 공간과 사람은 가정이고 부모이기 때문이다. 그렇게 된다면 교회에서 지금 해왔던 교육 활동들은 줄어들게 될 것이다.

셋째, 다음세대교육에서 기독교(대안)학교가 중요해질 것이다. 아이들은 미디어와 학교, 지역사회에서 말하는 가치에 둘러싸여 있다는 것을 주목해야 한다. 교회교육이 주는 시간적 한계를 받아들여야 한다. 따라서 가정과 교회가 더 강력한 교육파트너가 되어야 한다. 이에 더해 할 수만 있다면 부모와 교회가 주중 신앙교육을 진행하고, 유럽의 그리스도인들이 만들어왔던 것처럼 부모는 기독교자유(대안)학교를 선택해야 한다.

다음세대교육은 하나님의 명령이기에 순종해야 한다. 가정과 교회가 해야 할 일이라고 받아들인다면, 어려움이 있더라도 멈추지 않고 될 때까지 되는 방법을 찾아 실행해 나갈 것이다. 우리에게는 강력한 의지가 필요하다. 이제 미룰 시간이 없다. 지금 할 수 있는 일부터 시작해야 한다. 그런데 앞에서 언급한 교회와 저자와의 대화에서 보듯 교회 사역자들은 가정 중심으로 다음세대교육을 실행해야 한다고 할 때 난감한 표정을 짓는다. 그리고 받아들이기 어려워하는 것 같다. 아마도 새로운 패러다임이기 때문일 것이다. 한국 교회에서는 교육을 종교교육과 학교교육으로 나누듯이, 교회 사역을 교회교육과 가정사역으로 구분해왔다. 그 틀을 벗어나야 가정 중심의 다음세대교육이 이해될 것이다. 2부에서 하나님 나라 교육을 가정에서 어떻게 해야 할 것인지 다루려 한다. 2부를 읽으며 분리가 아니라 통합적으로 다음세대교육을 이해할 수 있기 바란다. 다음세대교육 담당 사역자와 부모가 꼭 알아야 할 하나님의 가정을 설명하려 노력했다.

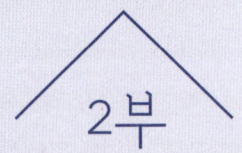

2부

다음세대교육 : 지상의 하나님 나라 만들기

　오늘도 아이들은 어떤 행동을 하며 자기를 드러낸다. 그것이 밝은 웃음과 환호성일 수 있고, 반대로 아픔 혹은 성장통의 힘겨움일 수 있다. 그런 아이들과 하루하루를 함께 한다는 것은 복이고 행복이다. 아이들이 성장의 몸부림을 하는 과정의 동반자가 되어줄 마음이 준비되어 있다면 말이다.

　아이들의 삶을 들여다보면 부모, 가정, 사회, 교육, 진로, 배움, 가치관, 결혼 등 삶의 모든 것이 연결되어 있다. 한 아이의 삶을 구성하는 것들이 세상 전체와 관계하고 있기 때문이다. 또한, 한 아이의 성장을 진정으로 이해하기 위해서는 '인격적 존재'라는 관점이 전제되어야한다. 아이는 정서, 관계, 의지, 영성, 성품, 재능, 성향, 가치 등 수많은 요소가 인격 안에 담겨있다. 아이는 어떤 한 가지만 지원해주면 자라는 기계적인 존재가 아니다. 한 아이는 작은 우주와 같다. 작은 우주가 자라는 핵심적 공간이 바로, 가정이다.

　1부에서 다음세대교육은 가정이라고 결론을 내렸다. 이야기학교를 통해 배워가는 기독교 교육은 가정의 중요성이다. 학교가 가정의 영향력을 넘어설 수 없다는 것을 매일 본다. 부모의 작은 변화는 아이에게 어마어마한 성장을 가져다준다. 학교에서 몇 배의 노력을 해도 되지 않을 만큼의 성장이다. 그만큼 성경적 가정을 이루는 것이 무엇보다 중요하다. 가정을 성경적으로 만들어가는 것은 '지상의 하나님 나라'를 이루어가는 일이다. 그리고 지상의 하나님 나라를 경험하며 자라도록 하는 것이 하나님 나라 교육이다.

6장

결혼을 배운다

부모 강의를 다니면서 부모들의 공통된 요구가 있음을 알게 되었다. "자녀를 잘 양육하는 방법(비법)을 알려주세요!"이다. 그래서 비법을 알려준다. 하지만 부모들의 반응은 시원치 않은 느낌이다. 무엇 때문일까? 자녀 양육을 잘하는 비법은 부모 자신이 성장해야 하는 과제이기 때문이다. 자녀를 어떻게 다루는가를 알고 싶었는데, 부모 자신을 어떻게 성장시킬 것인가를 알려주었기 때문이다. 그리고 기독교 교육이 문화 만들기라고 했듯이 자녀 양육도 가정 분위기 만들기이기 때문이다.

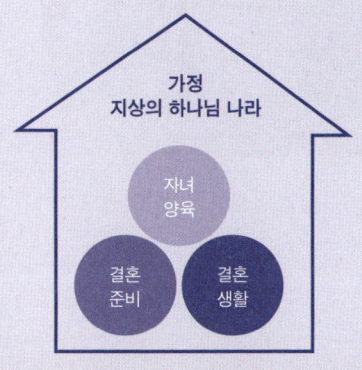

2부에서는 자녀 양육의 비법을 설명하려 한다. 사역자라면 부모를 '목회자', '교사'로 바꾸어서 적용할 수 있다. 먼저 결혼을 준비하는 과정부터 다루고, 이어서 성경적인 결혼생활이 무엇인지 설명하고, 끝으로 자녀 양육 방법을 이야기할 것이다. 자녀 양육에서 교육에 대한 부분이 무척 중요한데 이미 1부 2장에서 언급했다. 그리고 아이들의 삶(진로)을 설명해야 전체를 어느 정도 담아낼 수 있다. 하나님 나라 교육적인 관점에서 가정을 설명하려면 다루어야 할 주제들이 많다. 이 책에서는 많은 주제를 간결하게 담으려 했다.

결혼을 배워야 하나?

이 질문을 생각해 본 일은 드물 것이다. 결혼생활은 누구나 쉽게 할 수 있다고 생각하기 때문이다. 그러나 우리 사회의 이혼 통계를 보면 그렇게 여길 수 없다. 결혼

결혼예비학교

은 배워야 하고, 또한 훈련해야 한다. 어른들이 결혼생활의 참 진실을 말해 준 일은 드물다. 나이 들면 결혼해야 한다고만 말해 주었다. 어른들은 자녀 양육의 어려움을 알려 준 일이 적다. 결혼하면 자녀를 낳아야 한다고만 말했다. 하나를 낳으면 둘째는 언제 낳느냐고 물어볼 뿐이었다. 좋은 어른의 조건에 '결혼은 꼭 배워야 한다.'라고 가르쳐주는 것을 포함해야 할 것 같다.

결혼예비학교에 참여하는 커플에게 질문한다. "30년 일할 직업을 위해 몇 년 동안 준비했나요? 그리고 돈은 얼마나 들었나요?" 최소 대학교 다니는 기간만 해도 4년 이상의 시간과 1억 정도의 비용이 들었다. 그리고 한 가지 더 질문한다. "50년 이상 살아갈 결혼을 위해 얼마나 배우고, 얼마나 돈을 썼나요?" 결혼은 일보다 더 길다. 그리고 일보다 결혼은 삶에 더 큰 영향을 준다. 그런데도 사람들은 결혼에 대해서 배워야 한다는 생각조차 하지 않는다.

실제 우리가 결혼과 가정에 대해서 배운 것은 부모님이 보여준 모습밖에 없다. 그것도 부모는 가르치지 않았는데 가르쳤고, 자녀는 일부러 배우지 않았는데 배웠다. 그것이 결혼생활의 모든 것인 줄 알고 그대로 따라 살아가는 것이 현실이다. 심지어 따라가고 싶지 않아도 부모님이 보여준 원 가족의 모습을 따라간다. 더구나 그리스도인 문화가 약한 한국 그리스도인들은 성경적 결혼을 배워야 한다. 그리고 성경적 가치에 따른 결혼생활을 위해 훈련을 해야 한다.

한 사람을 선택하는 것이 인생을 결정한다

결혼을 위해 한 사람을 선택하는 순간, 엄청난 결정을 한 것이다. 사랑의 황홀한 감정에 머물러 있는 것은 감정에 함몰된 어린아이와 같을 뿐이다. 결혼을 위한 행복의 느낌에 빠져있기보다 현실적인 감각을 가져야 한다.

한 사람을 선택할 때에 다음 세 가지가 결정된다. 첫째, 나의 결혼생활의 그림이 결정된다. 내가 꿈꾸었던 결혼생활의 그림과 파트너가 가진 결혼생활의 그림은 전혀 다를 것이다. 내가 꿈꾸었던 결혼생활을 고집하기보다 파트너와 함께 공동으로 그림을 그려야 한다. 둘째, 부부의 색깔을 결정한다. 내가 만들어가고 싶은 부부의 색깔은 상대가 받아주었을 경우에 가능하다. 더 중요한 것은 나와 배우자가 내가 원하는 부부의 모습을 만들어낼 수 있느냐이다. 그러니 결혼생활을 시작하며 나와 그 사람의 특성을 알아가고 둘만의 색깔 내기를 하는 것이 좋은 출발이다. 셋째, 내 자녀의 아빠, 엄마가 결정된다. 자녀는 부모가 주는 두 가지 영향으로 자기 모양을 만들어간다. 하나는 부모의 유전적 요인이다. 얼굴, 머리 색깔, 성격, 신체적 특징에서 부모를 닮는다. 다른 하나는 부모의 양육 태도에 따라 아이의 습관, 인성, 그리고 가치관이 형성된다. 자녀는 어떤 부모를 만나느냐에 따라 본인의 의지와 무관하게 이 두 가지가 결정된다.

그러니 한 사람을 선택하는 순간에 이러한 중대한 결정이 이루어진다는 것을 안다면, 배우자를 결정하는 것에 있어서 무척이나 신중해질 수 있을 것이다. 부모는 자녀의 배우자 선택을 위해 좋은 사람을 볼 줄 아는 시각을 길러주어야 한다. 나이 들었다 해서 모두가 좋은 사람을 분별할 줄 아는 것은 아니다. 그것은 길러야 할 능력이다.

데이트는 어떻게 해야 할까?

오늘날에는 당연시하지만, 데이트는 우리 사회에 오래된 문화가 아니다. 80대 이상의 어른 세대는 연애라는 것보다 결혼을 부모 상호 간에 결정한 예가 많았다. 짧은 역사 속에서 데이트에 대해 정리된 개념은 그리 많지 않은 것 같다. 먼저, 데이트는 1) 남자와 여자가 2) 즐겁고 3) 유익한 만남을 갖는 것을 의미한다. 그리고 데이트는 여럿이 함께 어울리는 집단 데이트와 한 사람과 만나는 일대일 데이트, 그리고 한 사람과만 만나겠다고 약속한 배타적 데이트로 구분할 수 있다.

청소년기까지는 집단적 데이트를 주로 권장한다. 예를 들어 교회 모임이나 학교의 동아리 활동들을 통해서 여럿이 함께 만날 수 있다. 이런 기회를 통해 다양한 남성과 여성을 보고 좋은 이성에 대한 안목을 기를 수 있다. 그리고 좋은 이성이 되는 방법을 배울 수 있다. 만약 이 시기에 배타적인 데이트를 하게 된다면 부모와 어른의 지도 아래에서 하는 것이 바람직하다. 아이들은 거부할지 모른다. 그러나 책임 있는 부모가 되기를 바란다. 아이들은 만남에 있어서 서툴다. 어른이 건강한 만남을 가르쳐 줄 때 성장할 수 있고, 안전한 만남을 할 수 있다. 특히 헤어짐의 아픔에 있어서도 어른들의 도움으로 극복해 낼 수 있다. 그러나 가급적 청소년기까지는 배타적 데이트를 하지 않는 것이 좋다. 다양한 사람을 만나 자신을 성장시킬 기회를 제한받거나 잃어버리기 때문이다.

많은 사람을 만나야 할까?

형제 : 공동체 내에서 연애를 할 경우 둘이 오고가는 편지까지 목사가 지도합니다.
저자 : 네? 통제와 감시를 받고 있다고 느끼지 않나요?
형제 : 오히려 안전한 만남을 어른들로부터 안내받을 수 있다고 생각합니다.

영국의 브루더호프에 방문했을 때에 들은 이야기이다. 공동체 내에서 연애는 목회자에게 마음을 알리고, 연결해주었을 때 시작한다. 둘의 만남은 목회자의 지도아래 있게 되고, 부모까지만 알린다. 연애 중에 오고 가는 편지를 검토받는다. 이는 젊은 이들이 안전하게 만남을 갖게 할 수 있고, 좋은 관계 임에도 미숙함 때문에 갈라서는 일을 방지한다. 그리고 서로 어울리지 않는데 만남을 고집하지 않도록 돕기도 한다. 공동체 내에서는 감시와 통제로 받아들이기보다 도움을 얻는 것으로 받아들인다고 한다. 이런 것이 공동체 문화이다.

공동체 원리를 교회와 그리스도인 부모들은 받아들일 필요가 있다. 건강한 만남을 위해 어른들이 적극적으로 함께해야 한다. 혼자서 만나고 회복하기 어려운 상처를 받게 놔두어서는 안 된다. 그런 점에서 "많은 사람을 만나보고 결정해라!"는 권고는 신중해야 한다. 두 가지 이유가 있다. 하나는 만나고 헤어지는 것에서 상처를 남기게 되는 현실적 이유이다. 다른 하나는 그리스도인은 만남과 이별을 반복하는 것이 옳지 않기 때문이다. 한 사람을 하나님의 형상으로 존중하며 진실성 있게 만나는 것이 성경의 정신이기 때문이다. 한순간 즐기기 위한 대상으로 사람을 만나는 것은 기독교 가치관이 아니다.[67] 한 사람을 만나되 진실함으로 대하고, 만약 헤어질 때도 서로를 성장시키는 기회로 삼아야 한다.

사기꾼도 진짜 사랑을 한다

한 사람에 대한 '감정(Feeling)'을 중요시하는 사람들이 있다. 물론 만남의 시작은 상대에 대한 좋은 감정이 있어야 하는 것이 사실이다. 그러나 감정은 사람을 속이기에 참 좋은 것이기도 하다. 왜냐하면, 사람이 상대에 대한 호감도를 결정하는 시간이 단 1초 이내이기 때문이다. 그 호감도는 이성적 분별력보다 자신이 익숙한 관계에서 오는 정서적 느낌일 가능성이 크다. 평소에 이상형이라는 선택 기준을 가지고 있지만, 감정에 휘말리면 정상적으로 이성이 작동하지 않는다.

알아야 할 중요한 사실은, 평생 사랑을 받아보지 못한 사기꾼도 연애 시절에는 진짜 사랑을 한다는 것이다. 사람은 영적인 존재이기에 진정한 사랑을 확인할 수 있고, 또 진짜 사랑에 자기의 삶을 맡길 결정을 한다. 그러니 사기꾼이라 할지라도 자신을 배우자로 받아들일 때까지 진짜 사랑을 해야 한다. 겉으로 드러난 사랑에 속지 않을 수 있어야 한다. 그러기 위해서 감정이 가라앉을 만큼의 기간을 두어야 하고, 그 사람의 인격과 성숙도를 보는 것이 중요하다. 만남을 지속할 것인지 결정하기 위해서 '이 사람과 함께하는 것이 기쁠까?', '계속 성장할 수 있을까?'를 질문 해보는 것이 좋다.

평판을 확인한다

속지 않는 가장 좋은 방법 하나는 그 사람의 '평판'을 듣는 것이다. 가급적 만남을 가질 때 그와 아는 사람들과 만나고, 내 주변 사람들과 어울리도록 하면서 평판에 귀 기울이는 것이 좋다. 특히, 신뢰할만한 분(평소 인격적이고 청소년 자녀까지 건강하게 기른 분)을 찾아뵙고 조언을 요청하면 실수를 줄일 수 있다. 내 짧은 삶의 안목보다 10년, 20년 더 살아본 어른의 안목을 빌리는 것이 지혜이다.

사람을 보는 눈은 어느 정도 비슷하다. 나를 진심으로 위하는 사람이라면 솔직한 평판을 들려줄 것이다. 70% 이상에서 평판의 일치도가 있으면 그것을 받아들여야 한다. 하지만 이미 마음이 기울어져 있으면 이성적인 분별력이 약해진다. 그리고 주변인들의 평판이 좋지 않을 때 자칫 반대하는 것으로 여겨져 거리를 두기도 한다. 결혼을 위해서 평소에 이성적인 힘을 길러두는 것이 중요하다.

성숙한 사람은 책임지는 사람이다

한 마디로 성숙한 사람은 '책임'지는 사람이다. 일상 속에서 책임감이 없는 사람은 결혼에 대한 책임감도 떨어질 것이다. 여기에서 책임이란 일에 대한 책임감은 물론 사람에 대한 책임감도 포함한다. 일에 대한 성실함으로 주변인들로부터 인정받는 사람 중에 배우자와 자녀에 대한 책임을 무시하는 경우도 있기 때문이다.

일에 대한 책임은 학습이나 연습을 통해 기능을 성장시킨 성인이면 할 수 있다. 하지만 관계에 책임을 지는 것은 사람의 내적인 면이기에 오랜 훈련이 필요하다. 책임감은 한순간에 길러지는 것이 아니다. 유아시기부터 나이에 따라 적절하게 자기의 삶을 선택하고 책임지는 연습을 통해 길러진다. 자유를 부여받고 자유에 따른 선택을 해보고, 그 결과를 받아들이는 과정을 통해 책임감이 길러진다.

주의할 점은 지나치게 일찍 어른으로서의 책임감을 부여받은 사람은 내적으로 다

자라기 전에 외적인 책임을 지게 된다. 어린아이 시절과 청소년기를 잃어버리고 가짜 어른이 된 것이다. 겉으로 책임감이 좋은 것 같지만 내적으로 빈약할 수 있다.

반대로 과보호 속에서 책임감을 기르지 못한 상황에서 성장했다면 누군가의 삶에 상호 책임지는 결혼생활을 감당하지 못한다. 오늘날 미래의 아빠, 엄마가 될 아이들은 많은 경우 과보호 형태로 자라고 있다.[68] 과보호 속에서 자라면 책임감을 가진 성숙한 인격체가 되는 기회가 줄어든다. 혼자 살아갈 힘을 키울 수 있도록 부모가 뒤로 물러설 줄 알아야 한다. 부모의 양육이 미래의 부모를 만들고 있다는 사실을 기억해야 한다.

결혼생활은 관계이다

결혼생활을 한마디로 한다면 '관계'이다. 곧 부부 사이의 관계, 부모-자녀 사이의 관계이다. 그리고 관계는 대화, 타인에 대한 이해, 갈등 해결, 타협, 존중, 배려, 책임 등 전인격적인 성격을 갖고 있다. 이러한 관계능력은 기본적으로 가정에서 만들어진다. 그러니 사람을 선택할 때에 가정환경을 살펴보는 것은 필수이다. 만약 파트너의 가정이 따뜻하고 수용적이고 존중하는 분위기라면 선택해도 좋을 것이다.

그런데 만약 가정의 분위기가 건강하지 않아 보이는 경우 좋은 공동체나 좋은 선생님 아래에서 5년 이상 훈련을 받았는지 살피는 것이 필요하다. 관계는 관계를 통해서 배우는 것이기 때문이다. 좋은 공동체에서 오랫동안 영향을 받았다면 인격이 다듬어 졌을 것이다. 좋은 공동체라면 자기를 드러낼 수 있는 안전한 공간이 있는 곳이다. 좋은 가치를 가진 곳이다. 그 안에서 좋은 인격과 관계하면서 내면을 다듬을 수 있었을 것이다. 단순히 멤버로 드나든 것이 아니라 서로에 대한 강력한 피드백을 주고받음으로 자기를 성찰할 수 있는 깊은 관계가 있는 공동체를 의미한다.

소개를 통해 만남으로 인생을 벌어라

사람은 자기의 내적성숙도와 비슷한 사람을 만난다. 다른 표현으로 하면 자기에게 익숙한 사람을 만난다는 것이다. 일시적 내적 상태도 선택할 때 영향을 준다. 자기 상태가 좋지 않을 때는 다른 사람을 만나지 않는 것이 좋다. 너무 위축되어 자기보다 미성숙한 사람을 만날 수 있기 때문이다. 특히 깊은 사귐을 하던 사람과 헤어진 직후에는 마음이 취약한 상태이기 때문에 다른 사람을 곧바로 만나는 것이 좋지 않다. 오히려 자신감이 넘칠 때 사람을 만나는 것이 좋다. 그런데 일반적으로 자신감이 넘칠 때는 사람을 만나고 싶지 않을 수 있다. 그때 조금 겸손한 마음으로 사람을 선택한다면 좋은 결혼을 할 수 있다. 결혼은 독립된 사람끼리 만났을 때 가장 잘 살아갈 수 있기 때문이다.

가장 좋은 만남의 방법 하나는 신뢰할 만한 어른의 소개로 만나는 것이다. 보통은 나와 상대를 잘 아는 분이 소개를 해주기 때문이고, 또 15년, 20년 이상 된 어른의 안목을 젊은 내가 빌려 올 수 있기 때문이다. 그리고 내가 만날 수 있는 사람은 한정되어 있다. 소개해주는 분이 가지고 있는 더 넓은 네트워크를 얻을 수 있다.

좋은 사람을 만나는 최고의 비결은 자기성숙이다

좋은 사람을 만나기 위해서 내가 할 수 있는 최고의 방법은 자기를 성숙시키는 것이다. 다른 사람을 내가 성숙시킬 수 없고, 나를 좋아하게도 할 수도 없다. 그런데 좋은 사람은 좋은 사람을 알아보고 끌린다. 이것은 좋은 사람을 만나기 위한 목적만이 아니다. 내가 좋은 사람이 되었을 때 상대에게 선물이 된다. 그리고 결혼생활을 할 준비가 된다. 사람들은 누구나 좋은 사람, 성숙한 사람을 만나고 싶어한다. 하지만 자기 자신에 대해서는 돌아보지 않는다. 좋은 사람을 만나고 싶은 것처럼 다른 사람도 그러리라는 생각을 한번 해보면 이해될 것이다.

자기 성숙의 과정을 간략히 설명하자면, 첫째 단계는 자기 성찰이다. 어린아이 때부터 성찰의 역량을 길러야 한다. 자기 돌아보기는 텅 비어있는 시간에서 하는 것이다. 삶을 분주한 활동으로 다 채우지 말아야 한다. 아이들도 비어있는 공간과 시간이 필요하다. 둘째 단계는 자기 직면이다. 가장 어려운 일이다. 자기 내면을 탐색하는 여행이 가장 두렵다고 했다. 셋째 단계는 자기 수용이다. 자기 판단을 멈추고 있는 그대로를 스스로 안아주어야 한다. 넷째 단계는 자기 개방이다. 성숙의 열매는 내적인 풍요로움과 관계에서 나타난다. 자기 개방은 성숙의 모습이다. 그러나 신뢰가 훈련되지 않았다면 주의해야 한다. 자기 개방에서 아마도 신뢰가 매우 중요할 것이다. 신뢰는 영아기 첫 양육자와의 관계에서 형성되는 것이기에 성인이 되어 신뢰를 배워가려면 노력이 많이 필요하다. 다섯째 단계는 자기 훈련이다. 자기 성찰을 통해 알게 된 것을 실천하지 않으면 몸에 익숙해지지 않는다. 이 과정을 혼자 해낼 수 없다. 반드시 스승(안내자) 혹은 공동체와 함께해야 한다. 그리고 성령 하나님의 인도를 따르는 것이다.

스킨쉽은 개인의 선택인가?

네가 진짜 결혼할 배우자에게 바라는대로 너도 행동하라.

데이트에 대한 강의에서 마지막 결론으로 해주는 말이다. 그리스도인과 비그리스도인 모두가 근본적으로 바라는 기준선은 거의 같을 것이다. 주의할 점은 신체접촉에 대한 자제력을 자신할 수 있는 사람은 없다. 만남에서 신체접촉의 한계를 정해두는 것만으로 부족하다. 안전한 장치까지 갖추어야 한다.

여자의 경우 신체접촉에 대해 지나치게 감상적이지 않아야 한다. 성관계가 사랑을 확인하는 것이 절대 아니다. 먼저 자기의 몸에 대한 자기 결정권에 대해 분명히 알아야 한다. 나의 동의 없는 신체접촉은 존중받지 못한 것이다. 남자는 신체적 욕구 절제에 대한 지나친 자만을 갖지 않아야 한다. 성에 대해서 책임이 따른다는 사실을 기억해야 한다. 모든 영역에 있어서 하나님의 말씀에 따른 것처럼 성에서도 하나님의 말씀에 복종해야 한다.

성경은 결혼 안에서 성의 자유를 말하고 있다. 결혼 밖에서는 허용되지 않는다는 것이다. 반면 일반사회 가치는 스스로 책임질 수 있을 때 선택할 수 있다는 태도다. 하지만 그리스도인은 결혼서약 없는 성행위는 정서상 고통스러운 상처가 따라오고, 만약 잘못을 저질렀어도 용서받을 소망이 있다는 사실을 알아야 한다.[69]

제임스 답슨은 조 매킬하니, 프리다 매시키 부시가 연구하여 저술한 『즉석만남: 자유로운 성관계가 자녀에게 미치는 영향에 대한 새로운 과학』에서 나온 이야기를 소개한다. 미혼일 때 여러 상대와 성관계를 가진 남성과 여성은 두뇌회로가 영구적으로 변화되고 기능이 손상됨으로 말미암아 배우자와 약한 유대감을 갖게 된다고 한다.[70]

자녀의 스킨십에 대해서 제임스 답슨이 소개한 사례를 소개하겠다. '매력적인 팔찌'(새러 키슬러) - 16살 되었을 때 원하는 남자와 데이트할 수 있다는 허락을 받았다. 그날 부모님은 작은 흰 상자를 내밀었다. 안에는 작지만 화려한 보석이 박혀있었다. 엄마가 설명을 시작했다. 윤이 나는 화강암 장식은 남자 친구의 손을 처음 잡았을 때를 의미하고, 핑크색 수정은 첫 키스를 나타낸다. 아빠가 이어서 초록색 에머랄드는 첫 남자 친구를 의미하고, 진주는 처음으로 '사랑한다'고 말할 때고, 루비는 첫 약혼을 상징한다. 그리고 다이아몬드는 처음 결혼서약을 할 때를 의미한다. 나머지 6개의 사파이어는 부모와 하나님께 얼마나 아름답고 소중한지를 상기시켜 주는 것이다. 그리고 한 가지 규칙이 있다고 말했다. 키스하거나 '사랑해'라고 하거나 손을 잡을 때마다 보석을 그 남자에게 주어야 한다.[71]

결혼을 꼭 해야 하나?

신약 성경은 당시 사회에서 진보적인 이야기를 꺼냈다. 홀로 사는 것, 독신이 가능하다는 것이다. 단 그 목적이 하나님 나라를 위한 것이었다. 그러나 현대 사회는 비자발적 혹은 자발적 독신이 늘어나고 있다. 사회적 원인도 있지만 가치관이 많은 영향을 주고 있다. 영미에서 일어난 계몽주의적 결혼관이 점차 사회에 편만해졌다. 기독교에서 주장한 결혼의 문제점을 해결하기 위해 1830년대 첫 단계 변화를 하였고, 1960년대에는 기독교 전통의 결혼관을 배척하기에 이르렀다. 이제 결혼은 개인의 행복을 위한 선택이다. 그리고 결혼식은 개인 간의 계약으로 간주하게 되었다. 그런데 그 결과 결혼에 대한 법규의 폐지가 더 커질수록, 여성과 자녀들이 더 큰 위협을 받게 되었다.[72] 국가적으로도 막대한 세금이 소요된다. 미국의 경우 매 년 120만 쌍의 부부들이 이혼을 하는데 약 145조 6천억을 지출하고 있다.[73]

하지만 하나님께서 결혼을 창조하셨다. 종교개혁자들의 주장처럼 지상의 왕국에 속한 것이면서도 천상의 왕국과 연결된 것이다. 결혼은 지상에서 하나님 나라를 경험할 수 있는 하나님의 디자인이다. 결혼을 개인적인 선택으로 취급하는 계몽주의 이후의 관점은 더 많은 고통을 사람에게 가져다 줄 것이다. 오히려 결혼의 긍정적인 측면이 연구결과로 입증되고 있다. 1) 결혼한 사람의 생활양식이 더 건강하다. 2) 결혼한 사람이 더 오래 산다. 3) 결혼한 사람이 성관계에 더 만족한다. 4) 결혼한 사람이 더 행복하다. 5) 결혼한 사람이 더 많은 재산을 소유한다. 6) 자녀는 양(兩)부모 가정 내에서 더 잘 자란다. 7) 아이들이 가족의 테두리에서 양육될 때 사회가 안정된다.[74] 영적이고 사회적인 유익이 결혼과 비혼 중 어느 쪽에 있는지 객관적으로 살펴보기 바란다.

또 한 가지는 비그리스도인과의 결혼이 가능한가를 질문한다. 성경은 신앙인과의 결혼을 권장하는 것으로 보인다. 그렇지만 현실적으로 기독교인의 남녀 비율은 현격히 여성이 높다. 그리스도인 간의 결혼을 강조할 때 비율 문제가 해결되지 못 한다. 혹여 '가정선교사처럼 결혼하라'고 말하지만, 그것이 성경적 관점인지 토의가 필요하다. 그렇게 자신하며 결혼했다가 고통스러운 삶을 살 수도 있기 때문이다. 이렇듯 사회적인 변화 흐름에 맞춰 성경의 원리를 적용한다는 것은 늘 새로운 과제가 되고 있다.

결혼 준비는 청소년기부터 한다

저자 : 여러분의 부모님처럼 결혼생활하고 싶은 사람이 있나요? 부모님처럼 살고 싶지 않은 사람도 있겠지요? 만약 부모님처럼 결혼생활 하고 싶지 않다면 최소 5년은 훈련해야 합니다.

중학생 : 선생님, 그러면 어떻게 훈련해야 하나요?

결혼 준비를 청소년기부터 해야 한다고 강연에서 말하자 한 아이가 물었다. 아마도 가정이 안정적이지 못 한 아이가 용기를 내어 질문한 것 같다. 건강한 만남을 위해서는 10년 이상을 준비해야 한다. 앞에서 이야기했듯이 사람은 자기의 내적 수준과 비슷한 사람을 선택하고, 그 선택은 삶을 결정하기 때문이다.

청소년기부터 데이트와 연애를 할 때 한 사람을 존중해야 한다는 태도를 배워야 한다. 더불어 결혼을 위한 관점에서 사람을 만나야 한다. 그럴 때 즐거움을 위해 사람을 만나고 헤어지는 일을 피할 수 있게 된다. 또 만남은 인생 전체의 그림 속에서 준비해야 한다는 것도 알려주어야 한다. 청소년과 청년들은 데이트와 연애를 배울 기회가 있어야 한다. 부모들이 자녀와 함께 배우거나, 먼저 배워서 가르쳐야 한다. 부모는 결혼과 이성과 만남에 대해 부모 역할을 해야 한다. 아이들이 배울 수 있는 건강한 공간은 가정이기 때문이다.

7장

●

하나님의 디자인 가정 가꾸기

부모들을 만났을 때 부모들은 자녀 양육 방법을 가장 듣고 싶어 한다. 하지만 자녀 양육에서 가장 중요한 것은 '어떠한 가정인가'이다. 자녀 양육 방법은 자녀가 어떻게 하도록 해야 하는가에 관심을 둔 반면, 가정을 가꾸는 것은 부모가 무엇을 해야 하는가에 초점이 맞춰져 있다. 이것이 하나님의 교육에서 가장 중요한 사항이다.

코로나19 상황에서 교육에 대한 여러 해결책들이 나오고 있는데, 어디에도 가정은 보이지 않는다. 이 또한 우리 사회가 교육에서 가정을 얼마나 등한시 하는지를 보여주는 예이다. 일반 교육과 하나님 나라 교육의 큰 차이를 이 지점에서 볼 수 있다. 그렇다면 어떤 가정으로 가꾸어야 할까? 그와 관련한 이야기를 이번 장에서 풀어나갈 것이다.

결혼은 관계다

부부로 사는 것은 관계이다. 자녀 양육도 부모와 자녀의 관계이다. 또 원 가족까지 만나야 하는 확대된 관계이다. 만약 관계능력이 부족하면 결혼생활은 힘들어질 수밖에 없다. 따라서 결혼생활을 잘하고 싶다면 건강한 관계능력을 갖추어야 한다.

그런데 관계성은 7세 이전에 가정이라는 공간에서 많은 부분이 형성된다. 주 양육자와의 관계에서 만들어진다. 부모가 말하는 모양, 자주 사용하는 단어, 관계를 풀어가는 방법까지 닮아간다. 그리고 청소년기에 이르면 한 인격체의 관계방식은 대부분 완성되어 있다. 그러니 좋은 결혼생활을 하고 싶다면 가정에서 좋은 관계방식을 습득해야 한다. 가정 다음은 학교에서 건강한 관계의 문화를 익혀야 한다. 학교는 폭넓게 인간관계를 경험할 수 있게 해준다. 결혼을 앞두고 있다면 성장 과정에서 관계방식을 어떻게 배워왔는지 검토가 필요하다.

사실 한국 사회는 관계방식에서 수직적 문화가 무척이나 강하다. 여기에 더해 폭력에 대한 허용치가 높다. 가정에서 일어난 폭력문제를 위험하다고 인식하게 된 것이 얼마 되지 않았다. 최근 불거진 온라인 성범죄(n번방 성 착취 사건)에 대해서도 피해자 중심의 감수성이 부족하다는 지적이 많다. 아마 많은 한국 성인들은 수직적 문화와 폭력적인 관계방식에 많이 노출된 상태로 성장했을 것이다. 이러한 사회적인 관계방식이 결혼생활까지 영향을 미치게 된다.

만약 존중하는 관계가 어렵고 잘되지 않는다면 새로운 방식을 훈련해야 한다. 책과 강의로 배우는 것보다 존중의 관계를 재경험하는 방법이 효과적이다. 지금 관계에서 어려움을 겪고 있다면 더 악화시키거나 고착시키는 것보다 관계방식을 개선하는 용기를 갖는 것이 나은 선택이다.

결혼식은 언약식이다

결혼식은 평생 한 번이니, 내가 하고 싶은 것을 다 할꺼야!

지난 10년 동안 데이트학교와 결혼예비학교에 참여한 그리스도인 청년들에게서 들은 이야기이다. 그리스도인 청년 중에 성경적 결혼관을 듣고 배운 일이 드물기에 이렇게 말을 한다. 그러나 평생에 한 번뿐인 결혼예식은 하나님께서 기뻐하심에 따라야 한다. 결혼식에서 혼자 삶을 살아온 것을 정리하고, 배우자와 함께 살아가는 삶의 첫걸음을 뗀다. 인생의 전환점이 되는 순간을 어떻게 경건하게 할 것인지에 대해 생각해야 한다.

그리스도인의 결혼식은 형식에 있어서 예배여야 한다. 형편에 있어서 경제 상황에 맞는 검소함이 있어야 한다. 결혼식을 예배로 해야 하는 이유는 하나님과 공동체 앞에서 당사자 사이에 언약하는 것이 핵심이기 때문이다. 일반사회에서는 계약으로서의 결혼을 말한다. 서로 약속하는 조건이 있고, 그 약속을 지킬 수도 있지만 파기할 수도 있다는 관점이다.[75] 하지만 성경은 언약으로서의 결혼을 말한다.[76] 곧 그리스도인의 결혼은 생명을 걸고 서로에게 신실할 것을 약속하는 것이다.[77] 그 약속의 내용에는 두 가지가 담겨있다. 첫째, "상대를 나의 남편, 나의 아내로 받아들일 것인가?". 둘째, "상대를 평생 사랑할 것인가?"이다. 첫 번째 고백은 결혼에 대한 책임이 전적으로 자신에게 있음을 의미한다. 그 사람을 배우자로 선택하고 받아들인 것은 '나'이기 때문이다. 두 번째 고백은 결혼생활 전체에 대한 신실성을 약속하는 것이다. 오직 한 사람에 대해 신의와 성실함을 지키겠다는 서약이다. 요즘 젊은 사람들이 사랑 고백하듯이 글을 써서 낭독하는 서약은 바람직하지 않다. 사랑 고백 정도의 글은 개인적인 편지만으로도 충분하다.

그리스도인의 결혼식을 위해 다음 내용을 제안한다. 1) 결혼식은 하나님과 공동체와 가족이 함께하는 거룩한 예배로 드린다. 2) 교회에서 하거나 충분한 시간을 가질 수 있는 예식장에서 하는 것이 좋다. 예식장의 경우 1시간 30분 예식을 하거나 마지막 시간에 하면 시간에 쫓기지 않을 수 있다. 3) 예단은 시댁 일가에 주는 선물인데 서로에게 부담이 될 수 있기에 가급적 하지 않는 것이 좋다. 4) 입장할 때 따로 들어가고, 서약과 공포로 부부가 된 후에 함께 행진하는 것이다. 5) 친정에서 음식을 마련하여 시댁 일가에게 인사하는 폐백을 대신하여 양가 어른이 한자리에서 식사할 수 있도록 하고, 부부가 감사의 인사를 드린 후, 주례 목사님 혹은 담당 목사님의 축복으로 진행하는 것이 바람직하다.

결혼의 목적은 행복이 아니다

상담을 하다 보면 부부들에게서 이런 말을 흔히 들을 수 있다.

내담자 : 제가 얼마나 참았는지 아세요? 그런데 저 사람은 하고 싶은 대로만 행동해요.
저자 : 남편(아내)에게 어떻게 참았고, 왜 참았는지 이야기해본 적 있으세요?
내담자 : 아니요. 단지 더 다투지 않기 위해서 참았어요.

많은 사람들이 결혼의 목적을 '행복'이라고 알고 있다. 결혼의 목적을 행복으로 보게 되면 결혼생활에서도 상대에 대한 불만 찾기에 급급할 수 있다. 행복을 기대했는데, 상대가 나를 행복하게 해주지 못했다고 생각하기 때문이다. 상담에서 만나게 된 부부의 하소연은 상대가 나의 기대를 충족시키지 못했다는 내용으로 가득하다. 반면 내가 상대방에게 한 헌신은 크게 생각한다. 그 때문에 마음이 상해있는 것이다. 팀 켈러는 결혼의 목적이 행복이 아니고, 그리스도의 성품을 닮아가는 것이라고 말한다.[78] 여기에 더해 모든 삶은 하나님의 영광을 위한 것이라고 성경이 말하고 있다. 결혼의 목적을 행복으로 두기에 사람은 자기중심적인 행복 조건을 상대방에서 찾게 된다. 그 조건이 외모이기도 하고, 경제력이기도 하고, 학력이기도 하고, 가문이기도 하다. 결혼을 이타적인 사랑이 아니라 자기중심적인 만족으로 보는 것이다.[79]

함께 살아간다는 것은 자기중심성을 벗어나 이타적인 사랑을 한다는 것이다. 그리스도의 성품을 닮아가지 않고는 불가능하다. 그리스도를 닮은 성숙으로 서로 섬기는 결혼생활 자체가 하나님께 영광이 된다. 그리고 하나님의 방법으로 자녀 양육을 하는 모습이 하나님께 영광이 된다. 그리고 성경적 원리에 따라 사는 부부에게 행복은 부가적으로 따라온다.

성경적 결혼 원리는 부모를 떠나는 것이다

아담과 하와의 부모는 하나님이시다.
아담과 하와를 소개해준 분은 하나님이시다.
아담과 하와의 결혼 주례자는 하나님이시다.
아담과 하와의 결혼 증인은 하나님이시다.

인류 최초의 결혼식이다. 결혼은 하나님께서 만드셨다. 하나님의 창조 디자인 안에 포함된 것이다. 그리고 피조 세계에 '죄'가 들어오기 전에 결혼이 시작되었다. 결혼으로 이루어진 가정은 지상에서 하나님 나라를 이루어갈 장소였다.

그리고 이 결혼식의 주례사가 인류의 결혼원리가 되었다. '부모를 떠나 둘이 연합하여 한 몸을 이루라'[80] 결혼의 첫걸음은 부모를 떠나는 것이다. '떠남'의 히브리어 뜻은 '(뜻을) 저버리다'이다. 부모의 뜻을 저버리고 배우자와 뜻을 합치는 것이다. 다른 표현으로 하면 '독립'이라고 말할 수 있다. 부모에게 독립해서 부부가 결정권 100%를 갖는 것이다. 이 첫걸음을 떼지 못하면 다음 단계로 한 걸음도 나가지 못한다. 부모가 자녀를 낳아 성인이 될 때까지 해야 할 일은 점진적으로 떠나보내는 것이다. 결혼 후에 완전히 떠나보내야만 자녀가 성경적 결혼생활을 할 수 있게 된다. 그러니 이는 그리스도인 부모에게 주어진 명령이기도 하다.

다음 걸음은 부부가 '연합'을 이루어가는 것이다. 부부는 결혼 즉시 '연합'되지 않는다. 결혼 생활은 '연합'을 만들어가는 과정이다. 부부의 성숙도를 부부로 살아온 년수 만큼 '연합'되었느냐로 가늠할 수 있다. 부부는 연합을 방해하는 것을 허용해서는 안 된다. 원 가족의 부모나 형제, 자녀도 끼어들 수 없다.

유교적 효(孝)와 성경적 공경(恭敬)은 다르다

결혼에 대해서 한국 사회는 유교적 영향이 강하다. 그리스도인들도 결혼에 대해 전통이라고 말하는 것을 거부하기 어려운 점이 있다. 그런데 이렇게 질문해보자. 불교는 어느 나라에서 들어온 것인가? 유교는 어느 나라에서 유입된 것인가? 기독교는 어느 나라에서 시작되었는가? 따져보면 모두 외래종교이다. 단지 한국에 들어온 시간적 차이가 있을 뿐이다. 그리스도인은 하나님을 믿기로 했다. 하나님의 말씀을 따르겠다고 결정했다. 그러니 부처와 공자의 가르침을 떠나 하나님의 말씀을 따라야 한다.

유교의 효와 성경의 공경은 같은 점이 있다. 부모를 존경하는 것이다. 낳아준 것만으로도 존경해야 한다. 하지만 드물게 그것이 어려운 사람이 있다. 그런 경우 치유와 회복의 긴 여정이 필요하다. 그리스도인이라면 성령 하나님의 도우심과 사람을 통해 안아주시는 것으로 회복이 가능함을 믿기 바란다. 또 하나의 같은 점은 부모를 돌보아 드려야 한다는 것이다. 경제적인 어려움과 정서적 외로움이 있을 때 돌보아 드린다. 아기 때에 나를 무조건적으로 사랑해주셨던 것처럼 노년기의 부모님을 섬기는 것이다.

그러나 성경의 공경은 유교적 효와 달리 부모의 뜻을 따르는 것이 아니다. 성경의 결혼 원리대로 부모를 떠났기에 부부의 합의에 따라 부모를 섬기는 것이다. 부모 공경의 의미를 인간의 도리로 여기는 유교의 개념이 아니라 하나님의 뜻에 맞게 이해해야 한다. 정리하면 부부가 합의하여 하나님의 말씀에 따라 부모를 공경해야 한다.

부부 연합 방법은 피차 복종이다

성경은 부모에게서 독립하여 부부가 연합하라고 한다. 그리고 연합의 방법을 '피차 복종'하는 것이라고 가르친다.[81] 성경에서 아내는 남편에게 복종(자발적 순종)하고, 존경하라고 한다. 존경할만한 것이 없는 남편에게 순종하는 것은 훈련이다. 하지만 올바르지 않은 것까지 복종하라는 것이 아니다. 하나님의 뜻을 이루어가는 남편에게 '돕는 배필'로서 복종하라는 것이다. 성경은 남편에게 아내를 위해 생명을 바치는 사랑을 하라고 한다. 예수님께서 목숨을 내어주심으로 교회에 생명을 주셨던 것처럼 하라는 것이다. 이런 사랑은 아내가 자기 자신이 되고, 자신의 삶을 살도록 하는 것으로 적용해 볼 수 있다.

피차 복종하는 과정은 영적 여정이다. 사람은 자기중심성의 뿌리가 깊다. 그리스도를 닮아야만 아내를 위해 목숨을 내어주고, 남편에게 복종할 수 있다. 서로에게 주어진 명령을 따르는 것은 그리스도를 닮아가도록 돕는다. 여기에서 남편이 아내를 다스릴 것이라고 말한 성경 말씀은 타락의 결과임을 생각해야 한다. 예수 그리스도 안에서 회복의 삶을 사는 부부는 지배와 굴종이 아니라 사랑의 원리에 따라 서로 복종한다. 더 깊이 사랑하고 복종할수록 예수님을 닮는다. 예수님을 닮을수록 부부의 연합은 깊어진다. 이런 점 때문에 복음을 받아들인 연차가 오래된 부부일수록 연합의 깊이는 신앙의 성숙도를 나타낸다고 할 수 있다.

결혼생활은 신혼기 조율에서 결정된다

신혼 초기에 달콤한 관계에만 매달리는 경우가 많다. 그런데 바로 그런 시기를 갖게 된 것이 은혜이다. 상대를 수용하는 폭이 넓은 신혼기에 서로에 대해 알아가야 한다. 이것은 오랜 시간 연애한 사람도 동일하다. 결혼 전과 후는 관계의 질이 근본적으로 달라지기 때문이다. 그리고 상대의 밑바닥까지 보게 될 것이기 때문이다. 배우자를 나의 아내, 남편으로 받아들이겠다는 약속과 배우자를 사랑하겠다는 서약이 위력을 발휘해야 할 때가 이런 경우이다.

서로를 알아가려 노력해라. 자신을 알려주기 위해 많은 시간을 들여라. 제안이나 요청할 때 쩨쩨하다고 여길 만큼 많은 것을 설명하라. 자신이 자라온 성장기에 대해 말하고 듣는 시간을 가져라. 상대의 생각이 읽어지고 이해될 때까지 알아가라. 그렇게 하고도 인생과 결혼이 사람을 변화시킨다는 것을 기억하며 계속해서 자기를 알리고, 상대를 아는 대화를 지속하라.

남편과 아내는 다른 나라에서 온 사람이다. 모든 것을 귀 기울여 듣고 배우자와 맞추어 가야 한다. 원 가족과의 관계, 성격과 스타일은 말을 꺼내기 어렵다. 그러나 신혼 초기부터 존중하며 맞춰가기 위해 드러내어 말해야 한다. 경제, 취미와 여가생활 등 맞추어 갈 것이 많다. 처음에는 큰 것부터 조율하고, 점점 세밀한 것까지 조율해 나가야 한다. 최소 3년(신혼기)에서 최대 7년까지 알아가고 조율하는 과정을 거쳐야 한다. 그러면 10년이 지났을 때 안정감이 느껴질 것이다. 10년을 노력해서 50년을 안정감 있게 살아갈 것인지, 평생을 갈등과 싸움 속에서 살아갈 것인지에 대한 선택의 문제이다.

결혼하고 연애하라

결혼한 이유 중 하나는 오랫동안 함께 있고 싶어서이다. 그런데 많은 부부는 결혼 후 '관계'를 잊고 '가정 지키는 일'을 시작한다. 목표지향적인 특성을 가진 남편이 아내의 관계 욕구를 이해하지 못할 수 있다. 하지만 아내와 남편 모두에게 결혼 후 연애는 매우 중요하다.

먼저, 부부데이트는 서로의 친밀감을 깊게 할 수 있다. 부부의 친밀감은 지적, 신체적, 정서적, 영적인 모든 면에서 만들어진다. 친밀감 형성에서 가장 좋은 것은 존재의 대화를 하는 것이다. 의도적으로 물어보자. "오늘 어땠어?", "요즘 어떤 것을 하고 싶어?" 처리해야 할 일이 아니라 사람 자체에 관련한 것이 존재의 대화이다. 서로의 눈을 바라보고 상대에 대해 알고 싶어 주의 깊게 들었던 결혼 전 시절을 되살려보자.

다음으로 부부의 정원을 가꿀 수 있다. 결혼 전 연애하듯 다양한 활동을 함께하고 대화하면 부부의 정원이 아름다워진다. 그냥 내버려 두면 시간이 지날수록 황폐해져 갈 것이다. 많은 부부가 남편은 바깥 일을 하고, 아내는 자녀에게 매달려 있느라 부부의 정원을 방치 한다. 최근 새롭게 만들어진 '졸혼(이혼하지 않고 각자 살기)'이 이런 이유 때문 아닌가 싶다. 그리고 결혼생활 20년 이상 된 분들이 부부의 정원이 황폐해졌음을 증언한다. "주변에 사이좋은 부부가 없어요. 그런 부부들을 위해 교육을 해주세요."

부부는 한 팀이다

삶에는 끊임없이 과제가 있다. 나이가 들어가는 것에서 오는 과제가 있다. 자녀를 낳아 기르는 것도 과제이다. 관계와 직장에서 발생하는 과제도 있다. 그런 과제를 둘이서 해결해 나가는 것이 부부가 살아가는 여정이다. 이때 절대적으로 필요한 것이 '신뢰'이다. 서로를 믿을 수 있을 때 과제를 극복해 낼 수 있다. 신뢰가 있을 때 서로의 장점을 활용할 수 있고, 단점을 탓하지 않을 수 있다. 삶의 과제가 클수록 부부가 하나여야 한다. 큰 과제를 함께 넘어서면서 감사함과 믿음이 더 쌓인다.

삶의 과제를 해결하기 위해 먼저 부부가 강력한 팀을 만들어야 한다. 한 팀을 만들기 위해 노력하는 과정에서 해결하지 못하는 일이 있을 때 주변에 도움을 요청하라. 건강한 가정의 부부, 크리스천 상담자, 주변에서 신뢰할 만한 분들을 찾아가라. 부부관계가 지극히 개인적인 영역이라는 생각으로 감추는 것은 어리석은 일이다. 해결되지 않는 부부 사이의 갈등은 일찍 도움을 얻는 것이 지혜이다. 혹여 갈등이 심한 부부도 그 순간을 견뎌라. 건강한 노력을 하면 3년이 지난 후 부부관계가 나아졌다는 연구결과가 있다.

닭살 대화를 이어가자

　부부들을 교육할 때 함께 보는 영상이 있다. 시골집에서 노부부가 점심상을 차린다. 사실 아내는 다리가 아파서 방에 있고, 남편이 상을 차린다. 남편이 호박잎을 찌고, 아내가 가지나물을 무친다. 그리고 마루에 앉아 식사를 하며 도란도란 이야기 한다.

　남편 : 내가 싸줄까?
　아내 : 우리 영감 고맙다!
　남편 : 참 맛있네, 가지가.
　아내 : 맛있지? 영감이랑 밥 먹으니 제일 좋다.
　남편 : 왜?
　아내 : 우리 영감이랑 이제껏 살았응께.
　남편 : 얼마나 이뻐?
　아내 : 하늘 땅 만큼
　남편 : 진짜로?
　아내 : 언제 내가 거짓말 하는거 봤는가?

　영상을 보며 눈시울을 붉힌다. 돌아가신 부모님 생각이 나기도 하지만, 지금 상태로는 노부부와 같은 노년기를 기대할 수 없기 때문이다. 부부에게 질문을 한다. "어른들의 대화에서 어떤 특징을 보셨나요?" 그러면 나오는 대답 중 하나는 "닭살 대화예요."이다. 부부가 많이 싸우는 이유 중 하나는 대화의 주제보다 말하는 방식으로 인해 마음이 상했기 때문이다.

대화법을 배우라고 하면 거창한 이론과 방법인 듯한 느낌을 갖는다. 대화는 일상에서 소소하게 나누는 것이다. 부부가 연애할 때 했던 대화를 하면 된다. 하루가 어땠는지 묻고, 상대를 알고 싶어서 묻고, 상대가 이야기하는 것을 귀 기울여 듣고, 좋아하거나 원하는 것을 놓치지 않고 기억한다. 그런 대화를 잊지 않고 결혼생활 중에 하는 것이다.

상대방이 마음으로 들어 줄 때 존중이 느껴진다. 그리고 서로가 연결된 느낌이 들게 되고, 친밀감이 높아진다. 부부가 결혼생활에서 매일 안부를 묻는 것을 습관화 해보자. 한 주에 한 번은 차를 마시며 대화해보자. 교회가 가깝다면 손잡고 오가며 이야기를 하자.

교회에서 강의할 때 부부들에게, 특히 남편들에게 질문한다. "친한 친구와 교회의 소그룹에서는 자기 이야기를 솔직히 다 하고 있지 않나요? 누가 가장 친한 사람인가요? 아내와 남편 아닌가요?" 배우자에게 걱정 끼치고 싶지 않아서 말하지 않는다는 것은 핑계이다.

부부 사이의 갈등은 관리하는 것이다

갈등이 없는 부부는 없다. 관계에서 갈등은 필연적으로 따라온다. 갈등을 잘 관리하고 해결하느냐 아니냐에 따라 부부의 삶이 달라진다. 그러니 갈등에 대한 사전 관리가 중요하다. 그리고 갈등이 일어났을 때 어떻게 해결할 것인가 서로 약속해 두어야 한다.

갈등을 관리하는 방법은 서로의 성향을 아는 것이다. 살면서 만들어진 성격은 쉽게 고쳐지지 않는다. 하지만 바꿀 수는 있다. 그러나 선천적인 성향은 바뀌지 않는다. 하나님께서 주신 고유한 특성이기 때문이다. 서로의 성향을 아는 것만으로도 갈등을 예방할 수 있다. 성향에 따른 갈등 접근을 이해할 수 있기에 풀어가는 것도 수월해진다. 다음으로 갈등을 해결하는 가장 핵심적인 것은 건강한 대화이다. 말하지 않고는 해결할 수 없다. 대화법을 익히는 것이 100일 새벽기도보다 나은 해결책이다. 갈등을 해결하는 또 한 가지의 방법은 상대에게 물어보는 것이다. 싸우기에 앞서 무엇 때문인지 이유를 물어볼 수 있다. 사람의 행동은 이유가 있다. 이유를 묻고, 해결책을 합의하고, 실행하고, 보완하는 과정을 꾸준히 하면 부부만의 갈등해결 방법이 만들어질 것이다.

갈등을 해결할 때 부부가 기대하는 것은 '바로' 해결되는 것이다. 그러나 갈등은 크기와 깊이에 따라 해결 과정이 짧거나 길어진다. 평생 해결되지 않을 과제도 있다. 부부가 반복적으로 같은 지점에서 막히게 되면 외부에 도움을 받는 것이 더 나은 해결책이다. 둘이 시야가 좁아져 있을 수도 있고, 아직 해결할 역량이 자라있지 않을 수도 있다.

결혼은 치유와 성장을 선물한다

사람은 누구에게나 상처가 있다. 그리고 미숙함이 있다. 상처는 당해서는 안 되는 것으로 인해 생긴 것이다. 학대나 방치는 상처를 남긴다. 때로 그것은 의도치 않은 누군가의 행동 때문일 수도 있다. 미숙함은 성장할 수 있도록 지원받아야 할 것에 손해가 있어서 발생한다.[82] 신체적-정서적 돌봄이 부족할 경우 충분히 성장하지 못한다. 두 가지는 결혼생활에 숨겨진 복병이다. 겉으로 드러나지 않는 한 표면적인 문제에서 끝없이 부딪히게 된다. 반복해서 부딪히는 어떤 것이 있다면 상처 혹은 미숙함인지 살펴보라.

그런데 좋은 소식이 있다. 부부가 서로 사랑한다면 자신의 모습을 직면할 수 있다. 서로 안전하게 받아들여 줄 수 있는 공간을 만들어 주기 때문이다. 그 공간에서 상대방에게 보이는 것을 자신도 볼 수 있게 된다. 여기에서부터 치유와 성장이 시작 된다.[83] 결혼이라는 장기전에서 꼭 필요한 것은 상처의 치유와 미성숙한 부분을 성장시키는 것이다. 그리고 부부는 미래를 위해서도 성장할 수 있고, 성장해야 한다. 부부의 나이 듦에서 오는 삶의 과제와 자녀가 자라면서 찾아오는 과제를 해결해 나가야 하기 때문이다. 건강한 부부는 서로를 성숙의 길로 이끌어 줄 수 있다.

성경에서 이혼을 어떻게 가르치는가?

예수님께서 결혼은 하나님께서 맺어준 것이기에 결코 나눌 수 없다고 말씀한다.[84] 그러나 사람의 악함 때문에 이혼을 '허용(허락이 아님)'하셨다. 첫째는 부부 사이의 신실함을 어기는 외도의 경우이고, 둘째는 사별로 결혼 관계가 종료되는 것이며, 셋째로 한 인격을 파괴시키는 학대(정서적, 신체적, 경제적)의 경우이다.[85]

이혼에 이르지 않도록 서로를 존중하고 서로에게 신실한 것은 결혼의 기본이다. 더불어 부부의 정원을 가꾸는 지속적인 노력이 있어야 한다. 그리고 배우자 한 편, 혹은 둘 다 지나치게 의존적이지 않아야 한다. 결혼은 독립적인 개인이 연합하여 살아가는 것이기 때문이다. 부부는 서로 비슷한 수준으로 성장과 성숙을 해나가야 한다. 한 편으로 지나치게 기울면 존중과 친밀함에 어려움이 생길 수 있다.

이혼은 본인들에게 아픔을 준다. 하나였다가 찢어지는 것이니 생채기가 남지 않을 수 없다. 자녀가 있는 경우 큰 상처를 주게 된다. 자녀에게 최고의 선물이 사이좋은 부모이듯이 자녀에게 최악의 선물이 이혼일 수 있다. 이혼에서 생기는 상처를 너무 작게 여기지 않기를 바란다. 부득불 이혼을 선택할 경우 이혼을 위한 상담을 하는 것이 본인과 자녀에게 도움이 될 수 있다.

8장

하나님 나라 자녀 양육

오늘날 자녀 양육의 최대 관심사는 성공하는 아이 만들기인 것 같다. 그러나 그리스도인 부모는 자녀 양육의 성경적 목적을 지향해야 한다. 목적에 따라 양육 방법은 달라진다. 그러므로 아이들을 무리하게 부모가 원하는 대로 만들어가는 것이 아니라 하나님께서 만드신 대로 자기다움이 성장하도록 도와야 한다. 아이가 성공을 향해 가는 것이 아니라 그리스도의 성품을 닮아가도록 양육하고, 정체성과 삶의 가치가 그리스도의 정신을 따르도록 교육해야 한다.

이렇게 교육하기 위해 그리스도인 부모의 자녀 양육에서 더 채워져야 할 부분은 무엇일까. 그것은 바로 성경에서 가르치는 '인간'과 '삶'에 대한 의식이다. 인간이란 무엇인가? 삶은 무엇인가? 이 질문에 대한 정리가 결국 자녀 교육의 방향을 결정한다.

자녀에게 줄 수 있는 최고의 선물

부모가 자녀에게 줄 수 있는 최고의 선물은 부부가 서로 사랑하는 것이다. 안정된 부모 안에서 자라는 것 자체로 좋은 양육이다. 부부관계가 불안정하면 아이들은 늘 긴장 속에서 살아간다. 그 기간을 지속하는 만큼 내면은 부정적인 정서가 채워진다. 부부가 건강한 교육관을 합의하여 일관되게 대하는 것도 선물이다. 부모가 일치되고 일관성 있는 양육을 하면 아이들은 안정감을 느끼며 자랄 수 있다. 그러기 위해서 부부는 결혼 시작부터 자녀의 양육에 관한 입장을 조율해야 한다. 서로의 성장배경과 가치관에 따라 양육관과 양육방법의 차이가 있다. 서로 경험한 가정양육과 교육에 관해 대화함으로 서로의 입장을 이해 할 수 있다. 그리고 좋은 양육 책을 함께 읽으며 생각의 차이를 좁힐 수 있다.

마지막으로 부부 중심의 결혼생활이 중요하다. 청소년들에게 강의에서 좋은 부모를 설명한다. "부모님께서 둘이서 맛있는 것 먹고 여러분한테 알아서 밥 차려 먹으라고 하시면 좋은 부모입니다. 여러분은 서운하겠지만 부모님 믿다가 먹고 살 수 없겠다는 생각이 들면 됩니다."

성경적 관점에서 결혼 관계의 우선순위는 1) 부부 2) 자녀 3) 부모이다. 결혼에서 관계질서를 유지하면 아이들은 건강하게 자랄 수 있다. 만약 순서가 바뀌면 가정은 혼란스러워진다.

자녀양육의 주체가 부모이다

우리 사회는 '위탁 교육'이 일반화되어 있다. 모든 자녀교육에 있어서 부모는 돈을 벌어 뒷바라지한다. 공부는 학교와 학원에 맡긴다. 그런데 자녀가 무엇을 배우고 내면화시키는지 관심을 두지 않는다. 아이들에게 창의력이 필요하다고 하면 창의력 학원에 맡긴다. 사고력은 논술학원에 기대를 건다. 심지어 성품교육도 유치원이나 프로그램에서 가능하다고 생각한다. 마찬가지로 신앙은 교회에 맡기고 있다. 부모는 교회 프로그램에 참여시키고 데려다주는 일에 열심이다. 그러면 신앙이 생길 것이라고 기대한다.

그렇다면 부모는 무엇을 하고 있는가? 물론 부모가 모든 것을 가르칠 수는 없다. 교육은 학교와 협력하고, 신앙은 교회와 함께해야 한다. 하지만 부모가 자녀양육의 주체라고 성경에서 말하고 있다. 부모가 자녀양육의 주체라는 의미는 자녀의 전인격적인 영역에서 성장할 수 있도록 지원하고 살피고 책임지라는 것이다. 부모가 주체로서 자녀를 양육하는 안내서로서 조엘 비키의 「하나님의 약속을 따르는 자녀양육」을 소개한다.[86] 하나님의 가정에서 어떻게 자녀양육을 할 것인지에 대한 자세한 설명이 있다.

북유럽의 기독교자유학교를 탐방했을 때 기독교대안학교에서 학습-영성-성품을 책임지겠다고 주장하는 것이 얼마나 허황된 얘기인지 깨달았다. 그곳 부모들은 가정에서 책임져야 할 것이 무엇인지 알고 있었다. 성품과 신앙의 가치였다. 그리스도를 닮은 성품이 되도록 부모와 인격적 관계를 한다. 신앙에 대해서도 부모가 중요한 역할을 담당한다. 아이들이 보고 듣는 것이 가치관이 된다. 부모는 자녀를 학교와 교회에 보내는 것만이 아니라 내적으로 성품과 가치관이 어떻게 형성되고 있는지 살펴야 한다. 다만 북미의 건강한 기독교학교는 자녀의 정치적 입장과 신앙의 색깔은 부모의 영역으로 인정한다.

부모가 함께 양육한다

혜성교회에서 한 달에 한 번 아빠 모임을 한다. 젊은 아빠들은 아이들과 함께할 시간을 내기 어렵다고 말한다. 그것도 사실이다. 그때 시간을 주 단위가 아니라 월 단위로 보고 자녀와 함께할 수 있는 시간을 찾아보라는 제안을 했다. 바쁜 사회생활에서도 반드시 자녀와 함께하는 양적, 질적 시간을 확보해야 한다. 아빠들은 회사 일의 중요성에 대해서는 인식하지만, 자녀 양육의 중요성에 대해서는 많이 생각하지 않고 있다.

성경적으로 양육은 부모가 함께하는 것이다. 이야기학교는 학교 입학과정, 부모 면담을 할 때 아버지, 어머니를 함께 만난다. 학교의 교육활동도 부모가 모두 참여해야 한다. 기독교 교육은 성경대로 하는 것이다. 부모가 참여할 수 있도록 교육활동을 저녁이나 주말에 한다. 일반학교에서도 점차 이런 추세로 가고 있어 다행이라 생각한다.

일반적으로 아버지는 엄하게, 어머니는 자애롭게라는 역할분담 이야기를 한다. 그러나 이는 옳지 않다. 둘 다 일관성을 가지고 양육해야 한다. 부모는 아이들과 일상적인 관계를 많이 해야 한다. 부부가 아이들의 성장과 교육에 대해 주기적으로 대화한다. 좋은 방법은 자신이 알고 있고 보게 된 아이의 모습을 매일 공유한다. 저녁에 직접 말하거나 SNS를 활용할 수 있다.

부모는 자녀에게 세상을 가르치는 선생님이다. 아이들은 어머니로부터 정서적 안정감과 관계성을 얻는다. 아버지로부터 사회성을 배운다. 이에 더해 아들과 딸의 정체성에 아빠와 엄마 모두 큰 영향을 미친다. 남성과 여성의 차이와 역할을 배운다. 또한, 자녀들은 자신의 배우자를 선택할 때 부모가 본이 되고, 결혼생활과 자녀 양육을 할 때 부모의 습성을 따르게 된다.

요즘 아이들은 지나치게 과보호 받는다. 그러면서도 아빠 부재와 형제 부재의 시대에서 엄마 부재의 시대로 접어들었다고 한다. 삶을 안내하고 내적인 성숙을 돕는 것은 줄어들고, 학습과 물질을 채워주는 부모만 있는 것이다. 부모는 부모의 자리에 다시 돌아와야 한다. 잘하느냐 못하느냐를 떠나 부모이어야 한다. 그리고 부모도 부모 역할을 배워야 한다.

자녀 양육의 방법이 목적의 신실성을 나타낸다

한 초등학교 교감 선생님이 학교에서 부모들을 만난 경험을 전해주었다.

"학교에서 부모들을 만나보면 그리스도인 부모들은 내적(감추인) 목적과 외적 목적을 가지고 있어요. 외적 목적은 '하나님을 경외하는 아이'가 되는 것입니다. 그런데 내적 목적은 공부 잘해서 성공하는 것입니다. 그리스도인과 일반 부모들과 자녀교육 목적이 다를바 없어요."

그리스도인 부모들이 자녀를 양육하는 목적이 신실한지 여부는 '어떻게 교육하는가?'를 보면 알 수 있다. 그리스도인들은 '하나님을 사랑하는 자녀'가 되도록 열심히 기도한다. 그러나 '하나님을 사랑하는 자녀'가 되는 교육은 하지 않는다. 오히려 철저히 일반사회에서 하는 방법으로 가르친다. 마음에 자책이 조금 있는 불편함을 해결할 수 있도록 교회가 돕는다. "하나님 안에서 인재, 혹은 리더가 되라"는 구호이다. 그리고 공부를 잘해서 성공하는 것이 유일한 방법인 것처럼 말한다. 사회에서 리더는 몇 %가 될 수 있을까? 그것이 하나님 나라 교육의 목적인가? 이제 우리는 정직할 때가 되었다. 그리스도인은 모든 영역에서 하나님의 주권을 인정해야 한다. 자녀양육의 영역도 하나님께서 다스리신다. 따라서 자녀양육의 목적과 방법까지도 말씀에 순종해야 한다.

자녀 양육을 위해 공동체가 필요하다

브루더호프 공동체에서 생활하는 한국 선교단체 출신을 만났다. 교육에 대해서 이야기를 들으며 공동체가 얼마나 자녀 양육에 관심을 갖는지 이해할 수 있었다.

"아이가 태어나면 엄마와 6주를 함께합니다. 6주 후부터 영아를 돌보아주는 곳에 아침에 데려다주고 일과가 끝나면 데려옵니다. 엄마는 수유 주기에 맞추어 자유롭게 드나들 수 있고요. 경험 많은 어른들이 아기를 돌보고, 젊은 엄마들이 보조하면서 양육을 배웁니다. 공동체 내에 있는 학교는 고등과정까지 운영합니다.

아이들을 돌보고 교육하는데 배정되는 사람이 공동체 내 50%를 넘습니다. 그리고 공동체 회의를 할 때면 부모와 교사가 한자리에 모였기에 아이들 교육에 관한 이야기가 1/3을 차지합니다."

공동체를 방문했을 당시 보게 된 저녁 모임에서 중고등학생들이 1개월 동안 독일 브루더 호프 공동체 생활을 위해 출발하는 축하의 시간이 있었다. 브루더호프 공동체의 시작이 독일이었기에 그들에게는 매우 뜻 깊은 교육 의식이었다. 공동체 내에서 함께 자녀를 키우고 있다는 사실이 부모들에게 얼마나 큰 안정감을 주고 있는지 직접 볼 수 있었다. 자녀 양육을 할 때 이런 공동체가 있다면 많은 도움을 받을 것이다. 하나님 나라 교육을 하기 위해서 교회가 부모 공동체를 만들어 주면 좋겠다. 이야기학교에서 부모들의 연대가 일반학교를 다니지 않는 환경 속에서 얼마나 큰 힘이 되는지 보고 있다. 부모들은 하나님 나라 교육에 유리하지 않은 거대한 사회구조와 제도 속에 살고 있다. 그 안에서 자녀를 양육하기 위해서는 부부 공동체, 교회 부모 공동체, 그리고 학교 부모 공동체에 속해 있을 때 굳건해질 수 있다.

정체성과 성품을 길러준다

성품은 성격만을 말하지 않는다. 한 인간의 정체성과 직결된다. 일반적인 용어로 말하면 내면 계발의 기회를 주어야 하고, 자기가 되도록 해야 한다.[87] 『존 스토트의 산상수훈』에서 저자는 그에 대해 명확한 설명을 해주었다. 산상수훈의 8가지 복은 그리스도인의 성품이라고 설명한다. 1) 심령이 가난하고, 2) 죄에 대해 애통해하고, 3) 온유하고(타인이 나의 잘못을 말할 때 인정하는 것), 4) 의(죄를 용서받는 의, 도덕적 의, 사회에서의 의)에 주리고 목말라하고, 5) 긍휼히 여기고, 6) 마음이 청결하고, 7) 화평케 하고, 8) 의를 위하여 핍박받는 성품이 곧 그리스도인이 가진 정체성이라고 한다.[88]

이 점에서 하나님 나라 교육에서의 성품과 일반사회의 성품에는 차이가 있다. 성품이란 절대적 가치가 사람에게 내면화된 것이다. 기독교 교육에서는 절대적 가치를 성경에 근거하고 있다. 그리고 절대적 가치는 곧 그리스도께서 가지고 계신 성품이다. 그래서 하나님과 연결된 교육이 기독교적인 성품 교육이다.

성품은 기독교 교육에서 매우 중요한 자리를 차지한다. 그런데 성품 교육의 중요성을 말하면서도 함정에 빠지는 면이 있다. 바로 성품 교육을 수업으로 가르친다는 것이다. 어떻게 성품을 수업으로 가르쳐서 만들어낼 수 있는가? 성품은 인격적인 대상과 상호작용하며 만들어지는 것이다. 그러니 성품에 중심을 둔 교육이 이루어지려면 부모의 성품이 길러져야 하고, 좋은 성품을 가진 교사가 있는 교육공간을 찾아야 한다.

성경적 자녀양육의 기초는 '인격 존중'이다

성경은 모든 사람을 '하나님의 형상'을 가진 존재로 여긴다. 한 존재는 하나님으로부터 유래하였기에 존중받아야 한다고 단언한다. 따라서 갓 태어난 아기부터 노년에 이르기까지 존중해야 한다. 한 존재에 대한 존중은 '있는 그대로'를 받아들이는 것이다. 아이의 모습, 성향, 재능, 배움의 차이, 호기심 영역 등을 인정하는 것이다. 이것은 성장기 전 과정에 걸쳐 '부모의 틀'을 강요할 수 없다는 점을 의미한다. 또 존중은 인격적으로 대하는 것을 뜻한다. 아이의 생각, 감정, 의지(욕구)를 인정하는 것이다. 아이가 생각과 감정과 욕구를 표현할 수 있는 안전한 공간을 주어야 한다. 그리고 존중한다는 것은 자녀가 성장하는데 필요한 돌봄을 한다는 것이다. 신체 성장을 위한 돌봄, 정서 성장을 위한 돌봄, 영적 성장을 위한 돌봄을 한다. 신체적으로 건강하게 자랄 수 있도록 씻기고, 먹이고, 놀게 한다. 정서적 성장을 위해 수용하고 따뜻한 분위기를 만들어 준다. 지적 성장을 위해 책을 읽어주고 질문하고 표현할 수 있게 함으로 사고력을 길러준다. 영적으로 성장할 수 있도록 예배하고, 성경 이야기를 들려준다.

이렇게 아이들을 존중할 때 내적인 안정성이 자랄 수 있다. 자신이 소중한 존재라는 것을 알게 된다. 그리고 세상과 사람을 신뢰할 수 있게 된다. 이것은 사람이 살아가는 데 있어서 가장 큰 자산이 된다. 사람과 관계하는 힘도, 청소년기 진로를 설계할 때도 내적 확신의 기초가 된다.

훈육은 존중의 친구이다

일반적으로 아이의 자존감에 대한 오해가 있다. "안 돼!"라는 말을 하지 않아야 상처가 없다는 것이다. 그러나 오히려 자존감은 해야 할 것과 하지 말아야 할 것을 분명하게 가르쳤을 때 만들어진다.

성경에서의 훈육은 '훈련(discipline)'이라는 용어를 사용한다. 훈육을 '혼내는 것'이라고 잘못 이해하기도 한다. 훈육은 아이가 죄의 본성을 억제하고, 하나님의 선한 성품을 드러내도록 돕는 것이 목적이다. 아이의 특성에 따라, 연령에 적합한 수준의 훈육은 건강한 사회인이 되도록 돕는다. 만약 훈육이 약화되면 제멋대로인 사람이 되어 자신과 사회에 해를 끼치게 된다. 또 다른 경우 훈육을 학대와 혼동하는 일도 있다. 학대에는 언어적, 신체적, 정서적, 물질적인 것을 다 포함한다. 학대는 결코 해서는 안 되는 행위이다. 아이의 마음에 지울 수 없는 상처를 남기기 때문이다.

젊은 부모 중에 체벌에 대해 종종 묻는다. 이에 대한 그리스도인 양육자들의 견해는 '절대 안 된다'부터 '가능하다'라는 입장이 있다. 홈스쿨을 하는 보수적 기독교인들은 '체벌이 자녀를 올바르게 한다'는 입장이다. 물론 신뢰와 사랑의 관계를 전제로 한다. 그리고 과도한 체벌을 허용하지 않는다.[89] 다른 한편으로 매질은 자신이 도덕적으로 파산했음을 선언하는 행위라는 입장도 있다.[90] 부모가 어떠한 입장이든지 훈육의 목적에서 벗어나서는 안 된다. 그리고 아이의 영혼까지 파괴 시키는 것도 안 된다.

올바른 권위에 순종하게 한다

　선생님은 화이트보드를 향한 채 물건을 정리하고 있었다. 한 아이가 수업 중 앞으로 나와 선생님 뒤에 선다. 아이는 선생님을 부르지도 않고 가만히 기다린다. 선생님이 일을 마치고 자기를 보았을 때 말씀드린다. 네덜란드 기독교자유학교 1~3학년 통합 교실에서 본 장면이다. 교실 안의 다른 아이들도 선생님의 권위를 잘 따르고 있었다.

　어른들에게 무례하게 대하는 아이들이 있다. 그것은 도덕성과 관련되어 있다.[91] 아이들의 응석을 받아들였기 때문이다. 그런 아이들은 자신의 욕구를 절제할 줄 모르고, 자신 마음대로 되지 않을 때 남을 비난하고 공격한다. 그런 아이들이 청소년기가 되면 부모에게 더 심한 행동을 할 수 있다.

　12개월 이전부터 권위에 순종할 수 있도록 가르칠 수 있다. 7~8개월 된 아이도 부모와 조부모에게 어떻게 다가가고 대해야 하는지 파악한다. 영유아기부터 부모를 공경하도록 가르치는 것이 부모가 해야 할 일이다. 일반적으로 청소년기에 엄마에게 무례하게 대하는 경우가 발생한다. 이럴 때 아빠가 적극적으로 개입해야 한다. 올바른 권위 관계는 배움의 기본 태도이다. 선생님, 교수, 강사의 권위를 인정하지 않는 한 아무것도 배울 수 없다. 또 권위 관계는 사회생활에서 가지고 있어야 할 태도이기도 하다. 가장 깊숙하게는 하나님의 권위를 인정하는 영성과 연결되어 있다. 그리스도인이 훈련되어야 할 하나님과의 관계는 하나님의 말씀에 순종하는 것이기 때문이다.

아이들은 부모와 대화하고 싶어한다

　네덜란드 청소년이 가장 바라는 것이 부모와 더 많은 시간을 갖는 것이라고 한다. 한국의 청소년들도 그럴까? 답은 "그렇다."이다. 겉으로 드러내지 않을 뿐이다. 그렇다면 무엇 때문에 대화가 되지 않는 것일까? 부모 자녀의 대화를 방해하는 현상이 있다는 것을 발견했다. 그것은 우리 사회의 부모는 자녀와 '학습대화'만 하기 때문이다. 초등학교 때부터, 심지어는 영아-유치기부터 학습대화가 시작된다.

"뭐 배웠어?"
"숙제했어?"
"시험공부 했어?"
"시험 잘 봤어?"
시험을 잘 보면 "정신 차려야지! 다른 애들이 올라온다!"
시험을 못 보면 "너 그렇게 해서 뭐해 먹고 살래?"

아이들은 부모와의 학습 대화로 인해 진정한 관계를 원하지 않게 된다. 부모와 자녀 관계는 상호적이다. 그리고 부모가 더 많은 영향을 끼치고 있고, 책임이 있다. 부모는 학습대화를 멈추고 존재 대화를 해야 한다. 존재 대화란 이런 것이다. "오늘 어땠니?" "요즘 무엇에 관심이 있어?" "방학이 되면 무엇을 하고 싶니?"

청소년기 자녀와의 관계는 누구나 어렵다[92]

청소년기를 어떤 관점으로 보느냐가 매우 중요하다. 청소년기는 어린이가 어른이 되는 과정이다. 보통 부모와 교사는 청소년기 특성에만 주목한다. 그리고 별칭을 지어서 상대하기 어려운 존재라고 치부한다. 하지만 그것이 청소년기 자녀에게 가장 좋지 않은 태도이다.

청소년기는 유아사춘기(만 6개월~30개월) 이후 다시 신체와 정서, 책임감과 가치관이 급속히 성장하는 시기이다. 성장의 속도가 급격하기에 아이들은 내적, 외적으로 성장통을 겪는다. 따라서 이 시기에 부모와 어른의 역할이 중요해진다.

먼저 자녀가 청소년기를 잘 지내게 하기 위해서는 청소년기 특성을 이해해야 한

'알고 싶다! 청소년'(석관동 미리내 도서관)

다. 청소년기 몇 가지 특성을 안다면 부딪힘을 줄일 수 있다. 청소년기는 호르몬의 폭격과 뇌의 성장으로 인해 감정의 폭이 크다. 자기중심성이 강하고, 또래가 모였을 때 위험한 행동에 보상을 느낀다. 수면 시간이 2시간 늦어져서 늦게 자고 늦게 일어난다. 인지적으로는 성인 수준이지만 책임의식은 격차가 크다. 청소년은 이런 과정을 거쳐 자기가 만들어진다. 그리고 가치관이 형성된다. 그래서 좋은 어른이 청소년들에게 건강하게 반영해주어야 하고, 좋은 삶의 관점을 만들 수 있도록 안내해주어야 한다.

청소년기를 자녀와 잘 보내기 위해서는 영아부터 아동기까지 신뢰를 저축해두어야 한다. 자녀와의 약속을 지키는 것과 일상 속에서 친밀함을 많이 쌓아둘 필요가 있다. 신뢰 관계의 깊이는 이성교제, 진로, 위기상황에서 부모를 찾을 수 있는 수준이어야 한다. 그리고 청소년과 대화를 할 때 주입과 강요보다 제안이 좋다. 본인이 생각하며 정리할 수는 빈 공간을 주는 것이다. 자녀들은 부모의 말을 듣지 않는 것

같지만 부모의 영향을 가장 많이 받는다. 아동청소년 병동에서, 교회에서, 기독교대안학교에서 보아 왔던 모습이다. 그 사실을 믿기를 바란다.

은사(재능)를 찾고 성장하도록 돕는다

예전과 달리 자녀를 자유롭게 키우려는 부모들이 늘었다. 그런 부모들이 알고 싶어 하는 것이 있다. "내 아이의 재능을 어떻게 발견할 수 있나요? 내 아이의 재능을 어떻게 성장시켜줄 수 있나요?" 답은 의외로 쉽다. "건강한 환경에 놔두면 알아서 잘 자랄 겁니다."

아이들에게는 개별적으로 하나님으로부터 씨앗들이 주어졌다. 이것을 은사라고 말할 수 있다. 은사는 사회와 하나님 나라를 섬기기 위해 사용하는 것이다. 자녀의 은사를 찾고 성장하도록 돕는 것은 긴 과정이 필요하다. 먼저 영유아기에 내적으로 건강하도록 양육한다. 영아기부터 내적 안정성을 바탕으로 세상을 탐험하고, 자기를 발현시키기 시작한다. 초등학교 시기에는 다양한 체험을 통해 자기 내면에 있는 씨앗을 발현시키도록 돕는다. 일찍 튀어나오는 것과 늦게 나오는 것들이 있다. 초등 시기에는 결과를 기대하는 때가 아니다. 청소년기에 들어섰을 때 다양한 실험을 하며 자기를 정리해 낸다. 은사가 무엇인지 보다 선명해진다. 그것을 성장하도록 훈련의 기회를 부여한다.

은사는 아이의 성장과정을 지켜보는 부모가 잘 발견할 수 있다. 관찰은 매우 좋은 방법이다. 그리고 아이가 말하는 내용을 들어보면 아이 속에 무엇이 있는지 알 수 있다. 학교 선생님들과 주변 사람들에게 귀를 기울이는 것도 도움이 된다. 몇 년 동안 지켜본 선생님들은 아이가 어떤 분야를 좋아하는지, 잘하는지, 흥미로워하는지 알고 있다.

이야기학교의 평가는 독특하다. 10년 동안의 경험에서 대부분 비슷하게 한 사람을 보고 있다는 것을 알게 되었다. 이야기학교의 평가는 자기평가, 친구평가, 부모평가, 교사평가가 이루어진다. 7살 아이도 자기에 대해서 정확하게 인식하고 있는 것을 보았다. 아이들을 지켜보며 두드러진 특성 한 가지가 있다. 내적 확신이 있는 아이들은 그러한 자기를 스스로 받아들이고 성장을 위해 매진한다. 그러니 은사를 성장시키고 사용하는 것에 있어서도 영유아기의 내적 안정은 바탕이 된다.

삶을 스스로 설계하도록 한다

한국과 유럽의 진로교육은 큰 차이가 있다. 한국의 진로수업에서는 주로 적성검사를 하고 직업을 찾아주는 것을 한다. 유럽은 "내가 누구인가?"부터 차근히 준비시키고, "어떻게 살아갈 것인가?"를 고민하도록 돕는다. 그리고 직업을 자신이 결정하도록 한다. 학교의 진로교사는 학생이 진로를 찾도록 돕는 것과 선택 했을 경우에는 길을 안내해준다.

진로는 정의 내리기를 '삶의 방향성'이라고 한다. "어떤 사람으로 어떻게 살아갈 것인가?"에 답을 찾아가는 것이다. 네덜란드에서 교육과정은 1~9학년까지 "WHO AM I?"에 집중하고, 10~12학년은 "HOW TO LIVE?"를 한다. 9학년까지는 학습량을 많이 주지 않고, 청소년기에 자기 인생을 스스로 설계하도록 한다. 방문했던 가정의 두 자녀는 아르바이트로 직업을 체험하고 있었다. 청소년에게 힘든 일을 시키지 못하게 되어 있으며, 대신 비용은 낮추어 지급하는 청소년 보호정책이 있다.

진로는 전 인생적인 관점으로 '자기 이야기'를 만들어가도록 돕는 것이다. 최근 4차 산업혁명으로 변화해 가는 사회와 직업 환경에 관심이 많다. 호주의 한 청소년기관은 앞으로 5개의 직업과 17개의 직장을 갖게 될 것이라고 말한다.[93] 이런 변화에 적응할 수 있도록 아이들의 진로 교육은 달라져야 한다. 자기 자신을 알고, 자기의 삶을 설계할 줄 아는 과정을 배우게 하는 것이다. 아이들은 자기를 알고 자기 삶을 찾기 위해 빈공간을 주고, 딴짓을 할 수 있도록 해주어야 한다.

직업을 결정하는 것은 아이들이 할 수 있지만, 인생을 안내하는 것은 어른들이 해야 한다. 데이비드 토마스, 스티븐 제임스는 친구 아들의 성년식에 참여했던 경험을 소개한다. 제프의 아버지는 아들의 삶에 많은 영향을 미쳤다고 생각하는 여섯 명의 남자에게 몰래 편지를 보냈다. 숲속 곳곳에 여섯 명을 배치했다. 아빠는 제프와 함께 길을 걸으며 첫 번째 제프의 할아버지와 만나게 했다. 그다음은 제프를 사랑해준 이웃에 사는 아저씨, 마지막은 제프의 삼촌이었다. 제프는 어른들과 함께 길을 걸으며 남자가 된다는 게 어떤 의미인지 이야기를 나누었다. 그리고 마지막 장소에 도착했을 때 엄마, 할머니, 고모 등 제프를 사랑하는 여자들이 음식을 차려놓고 기다리고 있었다.[94] 우리는 아이들에게 남자와 여자로서 살아가는 삶을 가르쳐야 한다.

자녀는 잠시 맡겨둔 하나님의 선물이다

일반사회와 명확히 다른 그리스도인의 차이 중 하나는 자녀가 부모의 소유가 아니라는 인식이다. 하나님께서 일정 기간 맡겨주셨다는 것이다. 자녀가 독립적 인격체로서 독립적인 삶을 살도록 돕는 것이 부모의 역할이다.[95]

그런데 한 인격체가 자신의 삶을 책임지기 위해서는 많은 것을 갖추어야 한다. 관계능력, 자기관리, 분별력, 책임감, 올바른 가치관, 하나님에 대한 인격적인 고백과 헌신, 스트레스 관리, 삶의 과제를 극복할 내적인 힘, 경제활동을 할 수 있는 역량, 사회를 읽어내는 시각 등이 있어야 한다. 어느 것 하나 거저 얻어지는 것이 없다. 자라는 과정에서 단계마다 훈련을 통해 갖추어야 하는 것들이다.

보통은 20세 성인이 될 때까지 부모를 의지한다. 그런데 점차 청소년기가 늘어나고 있다고 한다. 한국 사회에서도 과보호가 자녀 양육에 자리 잡고 있다. 과보호를 벗어나는 가장 확실한 방법은 부모 자신이 독립적으로 바뀌는 것이다.[96] 독립적인 부모는 자녀가 성인이 되어 독립적인 인격체로 살아가기를 바라며 홀로서는 과정을 돕는다. 그리고 자녀가 믿음의 삶을 살아가는 바탕이 독립된 성인이 되는 것이라는 사실을 안다. 자녀들에게 믿음을 물려주기 위해 부모 자신이 영적인 삶을 살아가는 것을 보여주고 자녀가 스스로 받아들이도록 한다.[97]

교육이 자녀의 가치관을 결정한다

교육은 삶을 준비시키는 것이다. 교육의 한 부분을 학교에서 담당하고, 아이들은 학교에서 많은 영향을 받는다. 수업을 통해 학습에만 영향을 받는 것이 아니라 성품, 가치관, 관계, 재능(은사)계발, 진로, 영성까지 영향을 받는다. 그러니 그리스도인의 학교 선택은 매우 중요하다.

개인적으로 영아와 유아시기에 다닐 교육기관을 선택할 때 원장님이 가장 중요하다고 조언한다. 학교의 기풍은 원장의 영향력이 가장 크기 때문이다. 그리고 덜 가르치고 많이 노는 곳을 선택하라고 이야기한다. 놀이와 예체능을 많이 하는 자유로움이 있는 곳이 좋은 교육기관이다. 초등학교에 입학한 이후 언어를 배운 아이들의 학습력이 나중에 더 높다는 연구결과를 기억하기 바란다.

최근에 그리스도인 부모들이 기독교대안교육에 대한 의식이 자라고, 이해가 높아지고 있다. 그런 관심이 반가우면서도 기독교대안교육에 관심 있는 부모들이 준비해야 할 정보와 태도를 설명하려 한다.

첫째, 부모의 교육관보다 인생관이 더 중요하다. 자녀가 성인이 되었을 때 어떤 모습으로 살아가기를 바라는지 생각해 보자. 그것이 부모가 가진 인생관이다. 그 인생관에 따라 교육관을 갖게 된다. 그러니 부모의 인생관이 성경적 인생관인지 먼저 살펴보는 것이 좋다.

둘째, 부모가 결정한다. 네덜란드 그리스도인들에게 물었다. "기독교자유학교를 선택할 때 자녀의 의견을 반영합니까?" "그렇다"고 대답했다. 그러면서 아직 자녀들은 충분히 성숙하지 않았기 때문에 부모가 결정해야 한다고 말을 이었다. 맞는 말이다. 특히 하나님의 교육을 아이에게 선택하라는 것은 말이 안 된다. 그리고 실제로 부모들이 자녀가 다닐 어린이집과 유치원, 그리고 학교를 결정하고 있지 않은가? 기독교대안학교를 선택하는 결정권을 아이에게 주는 원리라면, 다른 학교나 학원을 결정할 때에도 아이의 선택을 따라야 하는 것 아닌가?

셋째, 부모의 교육철학과 70% 이상 일치하는 곳을 선택한다. '선택'이다. 부모가 결정했으니 30% 불일치하는 것에 대해 불만을 표현하지 말자. 이야기학교를 예를 들면 40가정이 넘는다. 모든 부모의 교육관을 어떻게 100%로 담아내고 만족시킬 수 있는가? 협력하며 좋은 교육을 만들어가는 성숙한 태도가 필요하다.

넷째, 자녀의 특성에 맞는 학교를 선택한다. 한국의 기독교대안학교는 100개면 100개의 교육과정이 있다. 통일된 교육과정이 아니기에 학교 선택을 신중히 해야 한다. 혹 대안교육에 실패하는 이유가 있다면 그중 하나가 자녀와 맞지 않는 교육과정을 가진 학교였을 수도 있다.

다섯째, 교육철학대로 교육하고 있는지 객관적으로 살펴보고 선택한다. 학교 설명을 들으면 모든 학교는 훌륭하다. 하지만 교육철학과 실제 교육을 실행하는 것에 차이가 있을 수 있다.

여섯째, 다른 성공주의가 아닌지 살펴보자. 부모가 대안교육을 선택할 때 또 하나의 성공주의를 기대하고 있는 것은 아닌지 돌아본다. 신앙까지 완벽한 아이를 길러보겠다는 마음이라면 기독교대안교육을 선택하지 말기를 바란다. 아이와 학교를 다 괴롭게 만들 가능성이 크다.

일곱째, 이른 나이에 대안교육을 하자. 초등학교를 일반학교에서 다니게 하고 중등에서부터 대안교육을 하려는 부모가 많다. 그것은 교육자들이 어린 나이 교육의 중요성을 말하는 것과 반대되는 생각이다. 어릴수록 좋은 교육의 효과가 더 크다. 저자의 큰아이는 7학년(중1)이다. 7살부터 이야기학교에 다녔다. 이 아이의 자기관리 능력과 과제 수행능력을 직접 곁에서 보고 있다.

좋은 어른이 삶을 안내해야 한다

오늘날 아이들에게 삶을 가르치는 것이 줄어들었다. 아이들은 어른들로부터 삶을 들으며 자라야 한다. 어른들의 삶을 보며 자라야 한다. 좋은 어른들은 자기 삶의 이야기를 들려주어야 한다. 그 안에는 지혜가 담겨있고, 전통이 들어있으며, 가치가 포함되어 있다. 삶은 삶 속에서 배우는 것이다. 가정과 만남의 일상에서 삶을 가르쳐야 한다. 그리고 학교에서도 교과서 지식을 넘어선 실제 삶을 접하게 해야 한다.

아이들은 자기 삶을 어떻게 설계할 것인가를 찾고 있다. 어른들의 안내 받기를 갈망한다. 그런데 어른이 어른의 역할에서 물러나 있다. 지식을 위한 공부를 열심히 할 것만 요구한다. 청소년과 청년기에 어른들의 안내가 중요한데, 그 시간에 또래 사이에서의 대화만 무성하다. 그리고 미디어와 인터넷 자료를 토대로 자기 삶을 그려간다. 하지만 그 정보 안에서 좋은 것과 나쁜 것을 구별할 준비가 되어 있지 않다.

어른이 삶을 안내하기 위해서는 먼저 자기 삶을 정리할 수 있어야 한다. 혼자서 해내기 어렵기에 공동체적인 삶의 가치 토론과 어느 정도 공통된 합의가 있어야 한다. 그리스도인 어른은 기독교 가치가 삶에 묻어 있고, 아이들이 그리스도인 어른들과 함께할 때 자연스럽게 전달되어야 한다. 아이들은 어른에게 삶에 대해 질문할 수 있어야 하고, 어른들은 아이들의 삶에 독립적인 인격을 존중하면서도 적절하게 개입해야 한다. 이것이 아이들의 삶을 돕는 길이고, 신앙 전수가 이루어지는 방법이다.

조부모는 손주의 인생에 풍성함을 줄 수 있다

2017년부터 저자의 가족은 할머니와 함께 살고 있다. 두 딸과 막내아들에게는 할머니가 큰 선물이다. 두 딸은 할머니와 함께 자는 것을 좋아한다. 막내아들은 아침에 샤워 후에 할머니 품에 안겨있는 것을 좋아한다. 사회에서 말하는 좋지 않은 가족 관계는 잊었으면 좋겠다. 가족이 화목하고 잘 살아가는 가정이 많다.

조부모는 자녀를 떠나보냈기에 자녀 부부의 삶에 개입할 수 없다. 자녀 부부가

양육하는 것에도 마찬가지이다. 그렇지만 조부모는 여전히 자손에게 중요한 역할을 할 수 있다.[98]

한 가지는 자녀와 손주들을 위해 기도하는 일이다. 하나님께서 자손들의 목자로서 돌보아 주시기를 기도한다. 자손들이 하나님의 백성으로 신실한 삶을 살도록 기도한다. 다른 한 가지는 신앙을 바탕으로 한 지혜의 어른으로 곁에 있는 것이다. 자녀들이 신앙과 삶에 있어 어려움이 있어 도움을 요청할 경우 안내자가 될 수 있다. 손주들이 자라는 과정에서 조부모의 사랑과 도움이 필요할 경우 지혜를 나눌 수 있다. 손주들에게 하나님 안에서의 삶이 어떠한 것인지를 삶으로 보여주는 것은 중요한 일이다.[99]

노인기의 삶에서도 성장을 계속해나가는 것이 그리스도인의 삶이다. 죽음의 순간까지 성숙해가는 것이 그리스도인의 태도라고 스캇 펙은 말했다.[100] 바로 그러한 삶을 손주들에게 보여주고 나누어줄 수 있다.

가정 지상의 하나님 나라 만들기

  1부에서 다음세대교육의 중심이 가정이라 말했다. 교회교육은 가정 다음 자리에 위치해야 하고, 문화 만들기가 중요하다고 이야기했다. 2부에서 성경적 결혼과 가정을 설명하고, 자녀 양육을 위한 지상의 하나님 나라를 만들어가는 길을 안내했다. 교회교육이든 가정양육이든 가르치는 대상(학생과 자녀)이 아닌 가르치는 주체(교사와 부모)가 성장하고 성숙해야 하는 공통점이 있다는 것도 설명했다.

  그리스도인이 자녀를 가장 잘 양육하기 위해 가장 중요한 것은 건강한 가정 만들기이다. 건강한 가정이라 할 때 일반 심리학과 성경적 원리에는 차이가 있다. 결혼을 계약으로 보느냐, 언약으로 보느냐부터 차이가 난다. 개인 행복을 위한 조건적 부부관계와 피차 복종이라는 연합의 원리에서 차이가 있다. 사회적 성공을 위한 교육과 하나님을 경외하는 자녀가 되게 하기 위한 교육의 목적에서도 차이가 있다. 아이의 자존감에만 매달리는 것과 성품을 위한 훈육을 강조하는 양육방식에도 차이가 난다. 따라서 그리스도인 가정은 일반가정과 질적으로 다른 성질을 갖는다. 성경적 원리에 따라 만들어진 가정은 지상의 하나님 나라가 된다. 그리고 이것이 가장 중요한 자녀교육이 된다.

  가정을 하나님 나라 만드는 것은 '자녀를 더 잘 가르치느냐?'에서 '부모가 어떤 신앙 정체성을 가지고 있느냐?'로 초점을 옮겨준다. 부모가 하나님 백성 정체성이 분명하면 하나님 나라 질서에 따라 살아간다. 그의 삶은 보이는 지상 국가와 보이지 않는 하나님 나라의 이중문화 속에서 균형을 맞춘다. 그리고 두 국가의 충돌에서 하나님 나라 질서에 먼저 순종한다. 그 모습을 자녀가 보며 하나님 백성 정체성이 무엇인지 알아간다. 하나님 백성이 지상 국가 속에서 어떻게 살아가야 하는지 배운다. 유대인들이 다양한 국가의 시민이면서 동시에 그들의 정체성을 지켜나가는 모습을 보면 이해할 수 있을 것이다. 자신이 속한 국가의 시민이면서 유대인으로 살아가는 방식을 모세오경을 암송하고 회당공동체에서 배운다. 우리가 해내야 할 일이 바로 이와 같은 것이다. 부모가 먼저 나서야 한다. 그리고 부모는 교회와 기독교 학교들과 협력해야 한다.

글 마무리

두 자녀를 홈스쿨링 하고, 큰 기업 임원으로 있다 퇴직하고 중소기업 사장과 팀장들을 돕는 분과 종종 소통한다. 얼마 전 통화에서 30~40대의 팀장들을 만나며 어떤 것을 주로 돕고 있는지 나눈 내용 중에 인상 깊게 남는 이야기가 있다.

"기업의 팀장들이 두 가지를 못합니다. 한 가지는 개념을 잡지 못합니다. 생각하는 능력이 안 길러졌기 때문입니다. 두 번째로 어떻게 해야 할 것인지 방법을 못 찾습니다. 제 생각에는 교육의 문제입니다. 이야기학교에서 하는 교육이 오히려 앞서가는 교육입니다."

현장에서 컨설팅을 하는 분의 이야기에 따르면 기업 현실에서도 기독교대안교육이 답이 될 수 있다. 미래 사회 변화에 따른 교육에서 기독교 교육은 앞날을 준비하게 한다. 왜냐하면 미래 교육에서 가장 큰 질문은 "인간은 무엇인가?"라는 것이기 때문이다. 기술발달로 인간과 비슷한 로봇인 휴머노이드와 영화 터미네이터에서 나오는 안드로노이드가 출현할 것이라고 예측한다. 그럴수록 인간다움이 무엇인지가 더욱 중요해진다. 성경에서 말하는 인간관은 그 답을 주고 있다. 성품은 인간 고유의 특질이다. 가치관은 인간만이 가질 수 있는 윤리-도덕성을 대표한다. 따라서 기독교적 성품과 가치관으로 교육할 때 일반적인 사회 교육과는 다른 인류를 만들어 낼 수 있다.

그런 교육을 할 수 있는 다음세대교육은 가정이 중심이다. 성품과 가치관이 가정에서 바탕을 형성되기 때문이다. 저자 생각에 그리스도인 부모가 하나님 나라 교육의 1주체에 대한 개념을 이해하고 책임을 다한다면 70~80% 이상은 가정교육만으로도 충분하다. 그것에 더해 교회교육에서 하나님 나라 교육을 이해하고 실행하면 그 힘은 더 커질 것이다. 그리고 기독교대안학교가 중요한 역할을 할 것이다. 학교에서 기독교 가치관이 형성되고, 가치관은 문화에서 체득하기 때문이다. 자녀교육은 부모의 선택권이기에 강제할 수 없다. 하지만 더 많은 부모가 어린아이부터 기독교대안교육으로 자녀를 교육하기 바란다. 유대인들이 그들의 정체성을 가정과 유대인 학교 교육에서 길러주는 것을 눈여겨봐야 한다. 한국교회 미래 예측과 교회학교 감소를 현실에서 보듯이 교회교육의 침몰은 이미 예견된 것이다. 지금 건져 올리는 일은 거의 불가능하다. 내 아이를 위한 구명보트를 준비한다는 의미에서 그리스도인 가정 중심의 자녀 양육과 기독교대안학교를 준비하는 것이 절실하다.

네덜란드 바이블벨트 지역의 그리스도인, 브루더호프 공동체, 그리고 유대인들의 자녀교육의 공통점은 가정-교회(회당)-학교의 일치된 협력 교육을 통해 신앙의 유산을 이어가도록 하는 것이다. 우리도 더 늦기 전에 하나님 나라 자녀교육에 올바른 접근과 대응을 할 수 있기를 바란다.

| 각 주 |

1) 최윤식, 최현식, 『앞으로 5년, 한국교회 미래 시나리오』, (생명의말씀사, 2020), p. 88.
2) "최악 출산율에 첫째 출산부터 국민연금 가입 기간 6개월 늘려준다.", 연합뉴스, 2020년 3월 5일, https://www.yna.co.kr/view/AKR20200304217800017?input=1195m. "통계청이 지난 2월 26일 발표한 '2019년 출생·사망통계(잠정)'를 보면 작년 합계출산율은 0.92명이었다. 합계출산율은 여성 1명이 평생 낳을 것으로 예상되는 평균 출생아 수를 뜻한다. 1970년 통계 작성이 시작된 이후 역대 최저치다."
3) "급격한 인구 감소에 '예비군 재입대' 말까지 나왔다.", 주간동아, 2020년 3월 7일, https://weekly.donga.com/3/all/11/1998264/1. "통계청의 학령아동 변경 추계에 따르면 지난해 학령아동(8~19세)은 총 683만여 명. 하지만 2035년에는 488만여 명으로 줄어들게 된다."
4) "주일학교 인원 10년간 30% 감소 총회교육원, 다음 세대 감소 원인 진단…"담임목사 교육철학 부재"", 뉴스앤조이, 2017년 9월 20일, http://www.newsnjoy.or.kr/news/articleView.html?idxno=213296, 66회 고신 총회에서 '다음 세대의 출석 감소 원인 분석과 대안 마련 건'을 총회교육원에 연구 위탁하였다. 67회 총회에서 보고한 개선점들은 다음과 같다. 1) 담임목사의 교육철학 부재에 따른 의식 개혁, 2) 교육시스템의 획기적 개선, 3) 교육방법의 변화, 4) 주일학교 교사의 전문성과 역량, 5) 교역자의 다음 세대 사역 전문성, 6) 신학교 커리큘럼 보완, 7) 부모의 가정 신앙교육이다.
5) 신명기 6장 4~9절
6) 홈페이지 https://www.bruderhof.com/참고
7) 마크 파이크, 『C. S. 루이스의 순전한 교육』, 송은정 역, (IVP, 2017), p. 66.에서 성품이 문화와 분리될 수 없다고 말한다. 그리고 이어서 "루이스는 가치가 문화 바깥에 존재한다고 지적한다. 가치는 사회적 구성물이 아니며, 그 가치가 믿어지는가와 객관적이고 참되다."라고 말함으로 문화는 가치의 산물이라는 점을 분명히 한다. 그렇다면 성품은 성경적 가치가 담긴 문화 속에서 만들어지는 것이라고 볼 수 있다.
8) 위의 책, p. 39. "이전 세대 어린이의 사회화가 주로 가정, 학교, 종교기관, 지역사회에서 이루어졌다면, 이제는 소비문화와 대중문화가 초기 아동기의 주요 사회화 방식이 되었다." p. 63. 제임스 헌터가 주장한 내용을 담고 있다. "학교와 청소년기관과 지역사회가 도덕적 문화를 공유하여 통합되고 서로 강화하는 사회에 산다면 일관성이 확보될 것이다. … 과거 서양에서는 어린이가 학교, 가정, 교회를 오가며 생활했고 어린이가 접하는 맥락이 일치했기에. … 국·공립학교에 다니는 어린이와 청소년에게 포괄적 윤리 문화와 단절되어 이제 성품 교육이 불가능해졌다."

9) 위의 책, pp. 34~35. "너무도 많은 교사들이 도덕과 성품 교육에서 '방임'의 입장을 취해야 한다는 압박감을 느낀다. … 가치에 관한 한, 양육과 가르침과 학교 교육은 중립적일 수 없다. 적극적으로 어떤 행위를 하든 소극적으로 마땅한 의무를 이행하지 않든, 가정과 학교와 교실에서는 가치가 전달된다."
10) 제인 밴, 『예배를 디자인하라』, 신형섭 역, (한국장로교출판사, 2015). p. 51. "예배 안에서 학습은 의도적으로 일어나지만 동시에 간접적으로도 일어난다. … 예배함을 통하여 예배를 배우는 것은 주일학교가 기독교 역사에 나타나기 이전부터 일어났던 일이다."
11) 샬롯 메이스, 『교육 철학』, 노은석 역, (꿈을이루는사람들, 2010), p. 161. "'비옥한 토양이 씨가 자라는 최적의 조건인 것처럼 좋은 기초를 둔 인간성 교육은 어떤 사람이 농부가 된다고 해도 그 사람을 성장시키는 최상의 토대가 됨.'을 발견할 것이다."
12) 위의 글, p. 33. "여하간 우린 코메니우스의 황금률 속에서 진리를 발견했다. '교사는 적게 가르치라! 그러면 학생은 더 많이 배울 것이다.'"
13) "[조원경의 '노벨경제학자의 은밀한 향기'(16)] 가장 수익률 높은 투자처는 영유아 교육 제임스 헤크먼 "빈곤층뿐만 아니라 중산층·부유층도 이익 공유" 주장", 중앙시사매거진, 2016년 6월 27일, https://jmagazine.joins.com/economist/view/311944. "그는 3~4세 흑인 어린이를 대상으로 일명 페리 유치원 프로젝트를 실시했다. 조사 대상인 1962년생 빈곤 가정 흑인 아이 123명 가운데 58명은 소수 인원으로 구성된 제대로 된 교육을 받는 실험 대상이 됐다. 나머지는 일반교육을 받는 비교대상으로 해서 40년 넘게 결과를 추적 조사했다. 수십 년이 흐른 지금 유치원 교육의 효과가 지속되는 것으로 나타났다. 고용과 연소득은 물론 범죄율에도 두 집단 간에 큰 차이를 보였다. 실험 결과 IQ 같은 인지 능력의 효과는 단기적이었다. 졸업 후 1~2년 새에 실험군과 비교군의 격차가 거의 사라졌다. 장기적으로 인생을 바꿔놓은 건 성실함, 사교성 같은 비인지 능력이었다."
14) 로베르타 골린코프, 캐시 허시-파섹, 『최고의 교육』, 김선아 역, (예문아카이브, 2018).
15) 로날드 사이더, 『가난한 시대를 사는 부유한 그리스도인』, 한화룡 역, (IVP, 2010), p. 57. "인간에게 알려진 모든 종교와 철학은 끝없는 물질 획득을 통해 행복을 얻을 수 있다는 사실을 부인하고 있지만, 모든 미국의 텔레비전은 끊임없이 그것을 선포한다."
16) 니콜라스 월터스토프, 『샬롬을 위한 교육』, 신영순, 이민경, 이현민 역, (SFC, 2014), pp. 75~81. "샬롬은 일반적으로 올바른 관계들, 정의가 요구하는 것의 여부와는 관계없이, 하나님과 이웃, 자연, 자기 자신과 올바른 관계들을 포함한다. 샬롬 공동체는 단순히 정의로운 공동체가 아니라 그 속에서 다차원적인 우리 존재가 하나님의 법에 복종하는 책임 있는 공동체이다. … 기독교 교육자들이 추구해야 할 목적은 우리 학생들이 샬롬의 대리자이며 축하자, 청원자, 애도자가 되도록 가르치는 것이다."
17) 미로슬라브 볼프, 라이언 매커널리린츠, 『행동하는 기독교』, 김명희 역, (IVP, 2017), p. 35. "그리스도가 성령의 기름 부음을 받아 그 나라를 세우시는 목적은 인간과 온 창조세계의 번영이었다."
18) 테드 딘터스미스, 『최고의 학교』, 정미나 역, (예문아카이브, 2019), p. 95.

19) 전경원, "미래교육과 학교의 역할은 무엇인가", 코로나로 미리 온 미래교육과 학교의 역할, (국가교육회의, 한국교원단체총연합회, 전국교직원노동조합, 전국시도교육감협의회, 2020), p. 33.
20) 샬롯 메이슨, 앞의 글, p. 145. "교육은 인생이다. 그 인생은 생각으로 인해 유지된다. 생각은 정신적인 것에서 시작된다."
21) 팀 켈러, 『팀 켈러의 정의란 무엇인가』, 최종훈 역, (두란노, 2012), p. 147. "논리는 명쾌하다. 하나님의 은혜를 온 마음으로 절감한 이들은 공의롭게 행하기 마련이다. 정의롭게 살지 못한다면, 입술로는 그분의 은혜에 감사한다고 고백하지만, 마음은 주님과 동떨어져 있는지도 모른다."
22) 수잔 쉐퍼 맥콜리, 『아이들을 위한 라브리 가정교육』, 박경옥 역, (그리심, 2007), p. 127~136.
23) 테드 딘터스미스, 앞의 글, p. 95.
24) 로날드 사이더, 앞의 글, p. 244. "가장 명백한 것은 한 나라씩 세계시장에 합류함에 따라 세계에 전면적인 물질주의와 소비주의, 개인주의가 범람한다는 사실이다. 점점 더 많은 사람들에게 물질의 소유 및 그 물질을 사는 데 필요한 돈이 가장 중요해진다. 한 사람의 봉급이 하나님과 이웃과 창조세계보다 중요해진다. 사실상 점점 더 많은 사람들이 결혼, 자녀 양육, 심지어 정직보다 돈을 버는 일에 더 가치를 둔다."
25) 팀 켈러, 『팀 켈러의 정의란 무엇인가』, 최종훈 역, (두란노, 2012), p. 245. "일반적으로 '공의'를 행한다는 말은, 인간이 행복해지는 강력한 공동체를 이루는 방식으로 살아가는 걸 가리킨다. 좀 더 구체적으로 말하자면, 샬롬의 옷감이 찢어진 자리, 사회적인 약자들이 추락하는 자리로 가서 구멍을 메우는 걸 뜻한다."
26) 최윤식, 최현식, 앞의 글, pp. 200~225.
27) 알렉스 비어드, 『앞서가는 아이들은 어떻게 배우는가』, 신동숙 역, (아날로그, 2019), p. 57.
28) 위의 글, pp. 490~505.
29) 위의 글, p. 502.
30) 샬롬대안교육지원센터에서 주최한 2014년 북유럽기독교자유학교 탐방연수와 2015년 북미기독교학교 탐방연수에서 네덜란드를 주목하게 되었다.
31) "신앙 전수의 현장인 가정은 '작은 교회' [오늘의기독교교육학자들] 6. 티모시 폴 존스 - "부모가 말씀 전달자, 제자훈련자의 역할 감당할 수 있는 역량 길러야" , 기독공보, 2019년 8월 13일, http://www.pckworld.com/article.php?aid=8190170376", 참고.
32) 캐나다 ICS의 블룸버그 교수는 성경에서 '앎'은 지식과 체험을 결합한 것이라 설명한다.
33) 챕 클락, 캐러 포웰, 『청소년 사역 어떻게 디자인할 것인가』, 김창동 역, (성서유니온선교회, 2011), pp. 105~107.
34) 최현식, 최윤식, 앞의 글 pp. 226~228.
35) 리차드 에들린, 『기독교교육의 기초』, 기학연 교육분과 역, (그리심, 2004), p. 57. "Dewey는 자신

의 교육철학의 핵심을 이루어 근대 공립교육의 방향에 지대한 영향을 끼친 무신론적 인본주의를 분명히 밝히고 있다."

36) 위의 글, pp. 58~59. "존 던피는 '나는 새로운 신앙을 전하는 것이 자신의 역할임을 자각한 교사들 즉 모든 인간 존재에게 인본주의적 종교를 전하는 것의 소명을 바르게 자각하는 교사들 덕분에 공립학교 교실에서 인간의 미래에 대한 도전이 계속될 것이라고 확신한다. … 교실은 옛것과 새것 사이의 문제를 해결하고, 악과 고통이 가득한 기독교를 물리치며, 기독교에서 실현하지 못한 이상적인 이웃사랑을 마침내 성취시켜줄 수 있는 것이 오직 인본주의뿐이라는 새로운 믿음을 전하는 전투장이 되어야 하며 분명 그렇게 될 것이다. 이러한 전투는 장기적으로 진행될 것이고 고통을 수반하겠지만 인본주의는 분명 승리할 것이다.' … 그 전투는 매우 짧은 시간에, 그것도 너무 쉽게 인본주의의 승리로 끝이 났다. 기독교인들이 한순간에 넘어져 죽은 척했기 때문이다. 해리 블레미어즈가 한탄했던 것처럼 오늘날의 많은 기독교 교육자들과 부모들이 '비기독교적이 되고자 하는 의도가 없는 기독교인들의 마음을 비기독교적으로 만드는 교활한 과정'에 넘어가는 경우는 흔한 일이다."

37) 로날드 사이더, 앞의 글, p. 52. "기아 시대에, 대부분의 그리스도인은 성경의 진리보다는 현재의 문화적•사회적 가치관을 따르는 이단에 굴복하라는 유혹을 받는다. 각종 광고는 우리가 풍요함을 누리고 수 십 억의 가난한 이웃들을 무시하는 것을 마귀일 정도로 확신 있게 정당화한다."; 같은 책 p. 56. "계속해서 더욱더 풍요로운 생활 방식을 추구하는 것은 21세기 북미의 신이며, 광고업자는 예언자다."

38) 제임스 답슨, 『내 딸을 여자로 키우는 법』, 이애리 역, (두란노, 2011), pp. 278~292. 인터넷 매체와 텔레비전, 그리고 영화의 영향을 말한다. 오늘날은 24시간 휴대폰으로 온라인과 접속할 수 있는 상황에서 보다 더 관심을 가져야 한다.

39) 로날드 사이더, 앞의 글, pp. 56~57.

40) 리드 리브스, 『20 vs 80의 사회』, 김승진 역, (민음사, 2019), pp. 46~47. 1977~2013년 사이에 부의 증가는 상위 1%가 1.4배, 19%가 2.7배로 높아졌다. 최상위 1%가 미국 부의 37%를 차지하고, 19%가 절반 이상을 소유하고 있다. p. 160~170. 20%가 부의 대물림이 고등교육을 통해 일어난다. 동문 기부금 입학, 인턴십과 장학제도는 20%에 속한 사람들의 자녀들이 차지한다고 설명한다.

41) 론 헌터, 『신6』, 김원근 역, (D6코리아, 2016), pp. 106~126. "건강한 교회의 표시 중 하나는 사역자들과 담임목사가 있는 모습대로 보여지는 것입니다. 담임목사가 유혹들과 싸우며, 죄책감을 느끼고, 다른 사람들처럼 풀어야 할 결혼생활을 하고 있고, 이상적인 부모가 아니란 이야기들을 교인들이 듣게 될 때 그것이 얼마나 서로에게 위로가 되며 마음을 통하게 하는지 모릅니다."

42) 티모시 폴 존스, 『가정사역 패러다임 시프트』, 엄선문, 박정민 역, (생명의말씀사, 2013). p. 59.

43) 론 헌터, 앞의 글, pp. 129~139. 론 헌터는 사역자 혹은 봉사자를 찾아 세우는 것도 담임목사의 역할이고, 세울 뿐만 아니라 훈련시키는 것도 담임목사가 해야 한다고 말한다.

44) "교역자만 의존? 유기적인 팀사역으로 변화해야 [오늘의 기독교육학자들] 9. 마크 드브리스 - 지속

가능한 다음세대 교육목회, 나홀로가 아니라 비전팀을 세우라!", 기독공보, 2019년 11월 4일, http://www.pckworld.com/article.php?aid=8327685281. "첫 번째 변화는 다음세대 사역이 보다 지속가능할 수 있도록 견고한 목회구조로 옮겨가는 것이다. 이는 그동안 많은 다음세대 사역이 담당교역자나 교사들의 역량에 의존하는 '나홀로 사역(Do-it-yourself ministry)' 패러다임을 너머서 그들이 섬기는 교회부서와 가정, 목회자와 학부모, 교회학교 정규교사와 자원봉사교사, 교회학교와 전체 회중 간의 신앙전수 사명을 중심으로 한 긴밀하고 유기적인 팀사역인 '비전팀사역(Dream-team ministry)' 패러다임으로 변화되어야 함을 강조하고 있다."

45) 론 헌터, 앞의 글. pp. 139~147. 담임목사와 사역자, 그리고 어른, 청년, 교육부서의 조직에 대한 예를 제안해주고 있다.

46) 챕 클락, 캐러 포웰, 앞의 글, pp. 260~263.

47) 위의 글, p. 31.

48) 위의 글, pp. 218~219. "회중들에게 새로운 아이디어나 목표를 드러내면 그들은 첫 시간만 경청할 것이라는 것을 잊지 마십시오."

49) 요한 크리스토프 아놀드, 『아이들의 정원』, 원마루 역, (달팽이, 2012). 성경적 가정에 대해서 전반적인 그림을 이해할 수 있는 매우 좋은 책이다.

50) 요한복음 13장 14~15절. "내가 주ූ 또는 선생이 되어 너희 발을 씻겼으니 너희도 서로 발을 씻기는 것이 옳으니라 내가 너희에게 행한 것 같이 너희도 행하게 하려하여 본을 보였노라"

51) "신앙전수의 현장인 가정은 '작은 교회' [오늘의 기독교 교육학자들] 6. 티모시 폴 존스 - "부모가 말씀 전달자, 제자훈련자의 역할 감당할 수 있는 역량 길러야". 기독공보, "이를 위하여 첫째, 교회의 모든 부모세대가 하나님 앞에서 신앙전수자로 부름받았음을 인식하고 가정마다 자신의 현재적 걸음을 반추하고 회개하고 결단하는 것이다. 둘째, 가정 안에서 자녀들과 의도적이고 정기적으로 하나님의 말씀과 신앙에 대하여 대화(faith talk)를 하거나 자녀의 중요한 인생주기인 탄생, 세례, 입학, 졸업, 결혼 등과 같은 인생사건을 믿음 안에서 해석하고 고백(faith process)하는 것이다. 셋째, 교회의 예배와 교육과 선교를 비롯한 핵심사역을 통하여 지속적으로 모든 부모세대에게는 자녀세대를 향한 신앙전수의 사명이 있음을 알려주는 것이다. 넷째, 자녀들이 속한 교회학교의 사역에 부모세대가 적극적으로 참여하며 자녀들과 함께 신앙 안에서 훈련받고(train), 참여하며(include), 신앙교사로서의 역량(equip)을 계속하여 길러가는 것이다."

52) 네덜란드, 덴마크, 독일에서는 지역교회가 한 학교를 설립하고 지원하고 있다. 2016년, 2017년 미국, 캐나다 탐방연수에서는 네덜란드 이민자들이 최초 교회를 설립할 때부터 학교 땅을 같이 매입하여 학교를 세우고, 지역교회들이 기독교학교를 후원하고 있다.

53) 마크 파이크, 앞의 글. p. 221. "많은 사람이 학교의 '에토스' 또는 '기풍'을 논할 때, 느낌, 태도, 신념, 가치, 충성도, 헌신, 관계 등 모든 것이 학교 또는 교육 환경의 문화와 정체성에 영향을 준다는 점에

대체로 동의한다."

54) 총회칼빈기념사업위원회, 『참된 장로교인』, (대한예수교장로회총회, 2015), pp. 198~199. "세계관은 한 사회와 문화의 방향성 및 근원적 동기와 관계되기 때문이다. 세계관은 문화의 기본 전제 또는 조건으로, 문화의 배후에 자리잡은 가장 심층적인 요인이다. … 세계관은 한 시대와 사회의 독특한 사고방식이자 생활양식인 문화의 토대이다."

55) 하워드 제어, 『회복적 정의란 무엇인가?』, 손진 역, (KAP, 2010), p. 377. "회복적 정의는, 개인적으로서 우리가 상호 연관되어 있고 우리가 타인에게 영향을 미치고 타인이 우리에게 영향을 미친다는 가정을 전제하고 있다. 따라서 회복적 정의의 기본 원리는 어떻게 회자되든 간에 우리 대부분이 살고 싶은 삶을 규율하는 지침을 제시한다. 또한 회복적 정의는 관계의 중요성을 일깨워준다."

56) 북미개혁교단(Christian Reformed Church in North America)의 해외선교부에서 진행하는 교사교육, EC(Education Care)는 기독교 교실 문화를 경험할 수 있도록 설계되어 있다.

57) 존 반 다이크, 『기독교적 가르침 그게 뭔가요?』, 박상호 역, (교육과학사, 2012), p. 62. "내가 말한 하나님 나라는 물론 모든 창조 세계를 일컫는 거야. … 지금은 회복 과정에 있는 것으로 볼 수 있다. … 내 생각에 우리가 제자가 된다는 건 새롭게 회복시키기 위한 이런 사역에 동참하는 거라고 본다. … 원래 우리는 모두 제자였지, … 완전한 제자도란 이 세상에서 하나님의 영광을 위해 창조된 인간이 제 몫을 다하는 거란다."

58) 리사 다무르, 『여자아이의 사춘기는 다르다』, 고상숙 역, (시공사, 2019), p. 71. "결론적으로 부모가 옆에서 딸들을 잘 돌보지 않으면 성적인 내용으로 가득한 매체가 부모 역할을 대신할 것이다."

59) "다음세대에게 지식이 아닌 신앙공동체를 경험케 하라 [오늘의 기독교 교육학자들] 5. 챕 클락 - 교회와 가정이 강력한 신앙공동체 제공 힘써야", 기독공보, 2019년 7월 19일, http://www.pckworld.com/article.php?aid=8138857704. 세인트앤드류장로교회의 사역을 소개한다. 1) 매주 토요일 오후 5시 온가족 예배 제공하고, 2) 주중 가족 중심적 신앙공동체 활동 제공하며, 3) 부모신앙 역량 프로그램을 통해 가정에서 자녀의 신앙교사로서 역할을 감당할 수 있도록 돕는다.

60) 대형교회에서 중학생부터 성인 예배에 함께하는 곳도 있고, 초등학생까지 성인 예배에 참여하는 곳도 있다. 이때 아이들 관점에서 바라본 신앙 경험을 살피고 적절한 참여방식을 만들어가야 한다.

61) 레지 조이너, 『싱크 오렌지』, 김희수 역, (디모데, 2011). 이 책에서 영아기부터 청소년기까지의 발달 키워드를 소개하고 있다. 청년 시기에 대해서는 언급이 없지만, 청년 시기는 정신적인 성장을 하는 때로 가치관이 깊게 형성될 수 있다. 모두가 그런 것은 아니지만 한국의 대학부(청년부)는 가치관 교육에서 무기력해 보인다.

62) 홈페이지 주소:http://bibletime.org/v2/ - 바이블타임 선교회에서 1년 주기로 성경을 읽을 수 있도록 매월 1권씩 제공한다. 1년 단위로 비용을 지불하고 사용할 수 있다.

63) 존 스토트, 『존 스토트의 산상수훈』, 정옥배 역, (생명의말씀사, 2011). 이 책의 원제목은 'Christian

counter culture'이다. 번역하면 '기독교인의 대응 문화'이다. 산상수훈은 그리스도인의 정체성과 삶의 가치를 말씀하고 있다. 정체성대로 살면 이 사회와는 다른 문화가 만들어진다. 그런데 그 길은 좁다.

64) 리사 다무르, 앞의 글. p. 299. "'네가 원해야 하는 것들은 바로 이거야', '너는 이렇게 행동해야 해' 와 같은 메시지들이 넘쳐나는 세상에서 나는 우리 딸들이 본인의 마음속에 있는 나침반을 쫓아갔으면 좋겠다."
65) 최윤식, 최현식, 앞의 글, p. 197.
66) 위의 글, p. 198.
67) 요란 크리스토프 아놀드, 『성, 하나님, 결혼』, 원마루 역, (비아토르, 2019), p. 136. "젊은 남녀가 아무 생각 없이 상대를 바꾸며 옮겨 다니는 태도는 결코 올바르지 않다. 그런 태도 때문에 양심이 무뎌지고 헌신의 의미는 싸구려가 된다. … 이런 이유에서 우리 교회는 통속적 데이트를 거부한다. 오늘날 데이트는 일종의 게임, 즉 육체적이고 감정적인 끌림을 바탕으로 이성 친구와 짝을 짓는 의식이 되어 버렸다."
68) 팀 엘모어, 『좋은 자녀로 양육하기 위한 12가지 실수 피하기』, 김태규 역, (은혜출판사, 2014), p. 293. "지금 세대 젊은이들은 30년 전 아이들이 발달시켰던 삶의 기술들을 발달시키지 못하였습니다. 왜냐하면 성인들이 끼어들어 문제를 대신 처리해 주기 때문입니다. 우리는 자녀가 역경을 헤쳐나가기 위한 필요를 제거합니다."
69) 요한 크리스토프 아놀드, 『성, 하나님, 결혼』, p. 130.
70) 제임스 답슨, 앞의 글, p. 196.
71) 위의 글, pp. 221~227. 그 내용을 직접 읽기 바란다.
72) 존 위티 주니어, 『성례에서 계약으로』, 정경화, 류금주 역, (대한기독교서회, 2006), pp. 378~398.
73) 데이비드 올슨, 에이미 올슨-시그, 피터 라슨 『커플 체크업』, 김덕일, 나희수 역, (학지사, 2011), p. 40.
74) 위의 글, pp. 40~42.
75) 위의 글, p. 397. "결혼의 자유와 성적인 사생활 보장을 위한 결혼에 대한 주 법규의 폐지가 더 커질수록, 진정한 자유가 더 큰 위협을 받는다는 것을 여성들과 자녀들이 계몽주의적 결혼 혁신의 첫 번째 단계에서 깨달았다. … 법원들과 주석가들에 의해 오늘날 제공되고 있는 평등, 사생활, 자유에 관한 기초적인 탐구들은 모두 다 너무 결핍된 나머지 현재 발생하고 있는 결혼과 가족에 대한 사법적 혁명에 충분한 영양을 공급할 수 없다."
76) 위의 글, p. 200. "칼빈의 언약적 유형은, 결혼을 배우자들에 대한 개인적인 선택의 문제에 종속시키지 않으면서, 결혼이 계약적이고 합의적인 특성을 가진다는 것을 확증했다. … 그러나 결혼은 하나의 계약 그 이상이고, 배우자들에 대한 자발적인 동의 이상의 것을 불러일으킨다. 하나님께서는 모든 결혼에 있어서 제삼자이시며, 창조의 질서와 법안에서 기본적인 조건들을 정해 놓으셨다고 칼빈은 믿었다."

77) 팀 켈러, 『팀 켈러, 결혼을 말하다』, 최종훈 역, (두란노, 2014), p. 105 "성경은 개인도, 가족도 아닌 하나님을 최고의 선으로 보고 감정과 의무, 열정과 약속이 단단히 결합된 결혼관을 제시한다. 성경이 말하는 결혼 개념의 중심에는 언약이 자리 잡고 있다."
78) 위의 글, p. 160. "그렇다면 결혼의 목적은 무엇인가? 서로 도와 장차 영광스러운 자아, 곧 하나님이 마침내 이루실 새로운 피조물이 되기 위해서다."
79) 위의 글, pp. 39~40. "오늘날은 너나없이 자신을 있는 그대로 받아주고 자신의 갈망을 성취시켜 줄 파트너를 찾고 있으며 이는 비현실적인 기대를 만들어서 탐색하는 쪽과 탐색을 당하는 상대 모두에게 결국 실망을 안기게 되었다. … 남녀 모두 결혼을 인간으로서의 면모를 온전하게 가다듬고 공동체를 완성해 가는 통로가 아니라 개인적인 삶의 목표를 이루는 수단으로 바라본다. 그러니 너나없이 '저마다의 정서적, 성적, 영적 욕구들을 채워 줄' 결혼 상대를 찾을 수밖에 없다."
80) 위의 글, p. 170. "결혼 생활에 어려움을 겪는 낳은 경우는 무언가를 '떠나서' 배우자와 연합하는 일에 실패하기 때문이다. 배우자의 소망과 기대보다 집안의 바람과 요구를 좇아 움직인다면 부모를 떠나지 못한 것이다."
81) 위의 글 p. 71. "결혼생활을 하면서 종의 마음을 가지고 서로를 섬기지 못하게 막는 가장 큰 장애물은 죄에서 비롯된 지독한 자기중심성이다."
82) 비벌리 엔젤, 『좋은 부모의 시작은 자기 치유다』, 조수진 역, (책으로여는세상, 2010), pp. 44~89. 저자는 아이에게 나쁜 거울이 되는 7가지 부모 유형 구분한다. 1) 방치하는 부모, 부적격부모, 2) 자녀를 유기하거나 거부하는 부모, 3) 정서적으로 숨 막히게 하건, 소유하려 들거나, 매사에 간섭하는 부모, 4) 지나치게 통제하거나 폭군적인 부모, 5) 완벽주의적인 부모, 6) 지나치게 비판하거나, 수치심을 주는 부모, 7) 자기만 생각하는 부모, 자기도취적인 부모. 이런 부모들 아래에서 성장했을 경우의 특징과 치유과정을 안내하고 있다.
83) 팀 켈러, 『팀 켈러, 결혼을 말하다』, p. 216. "진실의 힘은 자신의 본 모습을 있는 그대로 보게 해주는 능력을 가리킨다. 그리고 사랑의 힘은 자아상을 재편하고, 과거를 청산하고, 깊고 깊은 상처를 치유하는 결혼의 작용을 말한다."
84) 마가복음 10장 7~9절
85) 총회 칼빈기념사업위원회, 앞의 글, (대한예수교장로회총회, 2015), p. 305.
86) 조엘 비키, 『하나님의 약속을 따르는 자녀양육』, 조계광 역, (지평서원, 2012).
87) 매들린 러바인, 『물질적 풍요로부터 내 아이를 지키는 법』, 김영호 역, (책으로여는세상, 2017), p. 27. "나이에 맞지 않게 응석을 부리고, 제멋대로 행동하며, 한편으로는 억압되어 있어 아주 작은 것 하나까지 관리를 받는 나의 어린 내담자들은 본의 아니게 자기 내면을 계발할 기회를 빼앗긴 것만 같다."
88) 존 스토트, 앞의 글, pp. 30~69.
89) 마이클 펄, 데비 펄, 『온전한 훈련, 기쁨으로 크는 아이』, 최에스더, 구현경 역, (혼앤스쿨, 2005), pp.

32~33.
90) 요한 크리스토프 아놀드,『아이들의 정원』, p. 76.
91) 요한 크리스토프 아놀드,『성, 하나님, 결혼』, p. 126.
92) 수잔 알렉산더 예이츠,『자녀의 사춘기 두려워말라』, 김재희 역, (참북, 2007), pp. 18~30.에서 사춘기 부모들이 겪는 10가지 공통 도전들을 소개하고 있다. 1) 무엇이 정상이고, 무엇이 비정상인가? 2) 아이들과의 관계가 달걀 위를 걷고 있는 느낌인가? 3) 자녀들과 보다나은 대화를 하고 싶어 하지만, 아이들은 "엄마는 전혀 이해 못해요!"라고 말한다. 4) 왜 저를 못 믿으시는 거예요? 5) 중요 문제들을 다룰 수 있는 방법을 가르쳐 주세요! 6) 내 친구들도 다 그렇게 하는데… 7) 부모의 신앙을 이어받을 수 있을까? 8) 상하지 못한 일을 저지른다. 9) 대학과 직업을 어떻게 선택할까? 10) 떠나보내기.
93) [퓨처앤잡] 올 추석, 조카에게 "뭐 될 거냐" 묻지 마세요", 중앙일보, 입력 2017.10.03 06:50 수정 2017.10.06. 04:23, https://news.joins.com/article/21989588
94) 데이비드 토마스, 스티븐 제임스,『아들을 공부하라』, 김양미 역, (글담출판사, 2010), pp. 248~250.
95) 팀 엘모어, 앞의 글, p. 245. "여러분이 부모든, 선생님이든, 코치든, 청소년 담당목사님이든, 학교 관리자든, 혹은 고용주든, 미래에 대한 여러분의 가장 큰 책임은 아이들이 성장했을 때, 책임감 있는 성인과 지도자가 되도록 오늘 아이들을 준비시키는 것입니다. 수잔 피터스는 한 때 "만약 부모가 먼저 그런 모습을 보여준다면, 아이들은 훨씬 더 나은 성장의 가능성을 갖게 됩니다."라고 말하였습니다."
96) 위의 글, p. 310. "자녀는 우리가 먼저 그 방식에 대하여 본을 보일 때만, 생산적이고, 건강한 성인으로 성장하게 될 것입니다. 자녀는 우리가 만들어내는 산물입니다. 또한, 우리 삶의 자화상입니다."
97) 요한 크리스토프 아놀드,『아이들의 정원』, pp. 134~135. "사람은 저마다 다음 세대에게 자기가 믿는 가치를 전해주고 싶어한다. 그러나 아이는 말이 아니라 행동을 기억한다는 사실, 다시 말해 아이들에게 물려줄 건 살아있는 믿음뿐이라는 사실을 종종 놓치고 만다."
98) 위의 글, pp. 54~56.
99) 요한 크리스토프 아놀드,『나이 드는 내가 좋다』, 원마루 역, (포이에마, 2014), p. 72. "사도 바울은 나이가 들면서 우리가 해야 할 의무 중 하나가 다음 세대에 지혜를 전해주는 것이라고 말한다. 나이많은 남자들은 절제있고, 위엄있고, 신중하고, 믿음과 사랑과 흔들리지 않는 사람이 되게 하십시오. … 이와 같이 그대는 젊은 남자들을 권하여 신중한 사람이 되게 하십시오(디도서 2:2, 6)."
100) 스캇 펙,『이젠, 죽을 수 있게 해줘』, 조종상 역, (율리시즈, 2013), pp. 226~227. "실제로 인생을 끊임없이 배우는 기회로 삼고 살아가는 사람들이 있다. 이런 사람들은 보다 유연한 자세로 삶을 대한다. … 죽음이 배움과 영혼의 성장을 위한 기회가 될 수도 있기에 … 그러나 죽음을 배움의 기회로 삼는다는 것이 쉬운 과정이 아님을 알게 될 것이다."

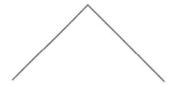

포스트 코로나 시대
다음세대교육, 가정이 답이다

1판발행	2020년 8월 30일
2판발행	2021년 3월 1일

지은이	장한섭
펴낸이	김한수
기 획	박민선
디지인	지순진 (인디자인, inndsn@naver.com)

펴낸곳	한국NCD미디어
등 록	과천 제2016-000009호
주 소	경기도 과천시 문원청계2길50 로고스센터 205호
전 화	02-3012-0520
이메일	ncdkorea@hanmail.net
홈주소	www.ncdkorea.net

ISBN 979-11-965540-5-7

Copyright©한국NCD미디어2021
Printed in Seoul, Korea

* 이 책은 한국NCD미디어가 저작권자와의 계약에 따라 발행한 것이므로 본사의 협의없는 무단전재와 무단복제를 엄격히 금합니다.
* 잘못 만들어진 책은 구입처에서 교환해드립니다.

값 13,000원